MW01628272
El Atormentador de TORMENTAS
ILUSTRADO POR FIGHT WITH LOVE
ANTONIO BURGOS
prólogo por ITIEL ARROYO

Diagramación, diseño e ilustración:
Fight Estudio // @fight_with_love_
Carlos Daniel Silva Villalba (Ilustración y diseño)
Santiago Silva Villalba (Colorización y conceptualización)
Contacto: Carlos Silva / + 57 3044533114

Correo electrónico del autor: info@antonioburgos.es
ISBN: 978-84-09-72438-3
Categoría: Devocional / Vida Cristiana / Inspiración
Category: Devotional / Christian life / Inspiration

Impreso en Colombia

El Atormentador de TORMENTAS

ANTONIO BURGOS

A mi amada esposa Susy y a mi hijo Tony, quienes no solo me sostuvieron en mis momentos más oscuros, sino que caminaron conmigo en cada paso de este proceso. Sin vosotros, no habríamos alcanzado todo lo que el Señor nos ha permitido lograr. Pagasteis un precio alto, no por seguirme, sino por ser parte integral de cada sueño, cada proyecto y cada misión que emprendimos juntos para Dios. Vuestro amor y sacrificio son el cimiento sobre el cual se edifica todo lo que hemos alcanzado, y por eso os debo todo.

A Dios, mi sanador, refugio y fuerza. Gracias por transformar mi vida y mostrarme, en medio de mi proceso de sanidad, que Tú eres el atormentador de tormentas. Sin esa revelación, seguiría siendo el hombre lleno de temores e inseguridades que fui. Sin Tu gracia infinita, nada de esto habría sido posible.

A ti, lector, que sostienes estas páginas: me hago completamente vulnerable, con la esperanza de que mi historia te ofrezca fuerza en tu propio camino. Si algo de este viaje te sirve de guía, que mi vida sea testimonio de que, con Dios, todo es posible.

Que este libro sea para ti, una semilla de esperanza, sanidad y fe.

CONTENIDO

PRÓLOGO

ITIEL ARROYO

Conozco a Antonio Burgos desde hace muchos años. Lo he visto caminar con fe, tropezar con dolor y levantarse con un testimonio que dará esperanza a muchos caídos. Por eso, cuando me dijo que estaba escribiendo este libro, no me sorprendió. Muchos estábamos esperando que lo hiciera: que convirtiera su viaje a través de una terrible tormenta en una guía para navegantes que han perdido la esperanza de llegar al otro lado de la tempestad.

Celebro este libro, porque guiará a muchos que se sienten abrumados por las tempestades de la vida, rumbo hacia la paz del alma.

El atormentador de tormentas es una invitación a tener una revelación —no de algo, sino de alguien. Este libro te desafiará a conocer al que está contigo en la barca y es más temible que la tormenta que ahora temes. Porque el temor a Dios te libera del temor a las tormentas de la vida.

De manera honesta y con un corazón pastoral, Antonio nos recuerda que el miedo no se niega: se reconoce, se confiesa y se enfrenta. Que la vulnerabilidad no es debilidad, sino verdadera fortaleza. Nos enseña que no se trata de negar los miedos, sino de mirarlos desde una nueva perspectiva, entendiendo que solo hay Uno verdaderamente digno de ser temido... y ese es nuestro Dios, quien nos ama y ha prometido navegar con nosotros.

Y si el temible está de nuestra parte, ¿a qué deberíamos tenerle miedo?

¿Este libro es para ti?

Sí, si alguna vez te sentiste al borde de la muerte.

Si has llorado sin entender por qué.

Si has ocultado tu ansiedad detrás de una careta religiosa.

Si alguna vez pensaste que te ahogabas por dentro.

O si pensaste que Dios te había abandonado.

Este libro no te ofrece fórmulas de autoayuda, porque nos enseña que no podemos ayudarnos a nosotros mismos. Pero sí te empuja hacia una verdad transformadora: cuando Jesús está en tu barca, aunque la tormenta sea terrible, hay esperanza.

Lee... y déjate sorprender por la voz del que todavía hoy calma tempestades.

Itiel Arroyo
Predicador, autor y mentor

INTRODUCCIÓN

CUANDO MI HIJO **VIO LO QUE YO NO QUERÍA VER**

Papi, ¿qué te pasa?

—No me ocurre nada, hijo, sólo estoy agotado por la construcción del nuevo templo.

Esa fue mi respuesta automática, un intento desesperado por esquivar una conversación incómoda. Pero su pregunta, tan sencilla y directa, me golpeó como un rayo. No porque ignorara mi propio estado; sabía perfectamente que estaba en un momento crítico, algo que mi esposa y yo comentábamos en privado. Lo que me descolocó fue que mi hijo, con apenas 9 años, notara que algo no iba bien.

El segundo, tercer y cuarto día, volvió a preguntar lo mismo. Su insistencia era como un espejo que reflejaba una verdad que no quería enfrentar. Mi respuesta seguía siendo la misma, aunque mi incomodidad crecía. ¿Cómo podía este niño, tan pequeño, percibir lo que yo intentaba esconder incluso de mí mismo?

Tony, mi único hijo, era implacable. Dicen que se parece a su padre, y quizá sea cierto: no se da por vencido cuando algo no encaja. El quinto día, me lanzó de nuevo la misma pregunta, y esta vez no pude contener mi irritación.

—¡No me pasa nada, hijo! —le espeté con más dureza de la que pretendía—. Sólo estoy agotado por la construcción del templo. ¿Por qué me preguntas siempre lo mismo?

Entonces, con la sabiduría y la pureza de un niño, clavó sus grandes ojos en los míos y, con una ternura envolvente, me desarmó por completo:

—No, papi, a ti te pasa algo, porque **tú no eres así.**

En ese instante, me derrumbé. Sentí como si el suelo se desmoronara bajo mis pies. Ya no podía seguir aparentando, ni esconderme detrás de excusas gastadas. Subí a mi habitación, cerré la puerta y me desplomé en un torrente de lágrimas amargas. Mi corazón estaba roto, y lo sabía. Cada día mi esposa y yo orábamos para que la tristeza abandonara mi vida, pero parecía imposible, nada ocurría. No entendía por qué me sentía así; no había una causa aparente, pero con el tiempo, la consejería y momentos íntimos con Dios, descubrí algo crucial: Las raíces del dolor son traicioneras; no siempre se ven con claridad, porque se esconden en las sombras, enterradas profundamente en el alma. Permanecen ahí, silenciosas pero vivas, hasta que un día, sin previo aviso, desatan una tormenta de emociones que te golpea con una fuerza inexplicable, dejándote sin respuestas sobre el origen de tanto sufrimiento

Una de las cosas que comprendí es que Dios no pretendía eliminar mi sufrimiento para cumplir mis deseos egoístas. **Tenía un propósito mucho más grande: para elevarme a otro nivel, necesitaba desenterrar y liberarme de muchos temores escondidos que me ataban.**

El atormentador de tormentas no está hecho para los fuertes. No está diseñado para aquellos que enfrentan la vida con una fuerza arrolladora. Si eres uno de ellos, probablemente no encuentres mucho valor en este libro, a menos que, mientras lo leas, se revelen temores profundamente enterrados en ti. Pero si, como yo, alguna vez la vida ha roto tu corazón; si cada intento de volar termina en caída; si el miedo tiene un rostro que reconoces a diario, entonces estas páginas están hechas para ti. Aquí no solo aprenderás a luchar contra los síntomas sino a descubrir las causas ocultas que los alimentan.

El miedo se disfraza de muchas cosas.

Seré completamente honesto contigo. Escribo estas líneas con una deuda profunda hacia Dios, quien **me liberó de monstruos** que ni siquiera sabía que me acechaban. Nunca podré pagarle, pero siento la convicción de que este libro es una semilla de esperanza, nacida en el corazón de Dios, para quienes transitan por el oscuro valle del miedo, la ansiedad o la depresión. Si estás en ese lugar, quiero que sepas algo importante: **no estás solo.**

Es mi responsabilidad compartir lo que he aprendido. En este camino descubrirás relatos de hombres y mujeres de la Biblia que enfrentaron sus propios abismos, y testimonios reales de personas que encontraron la salida en medio de su desesperación. Estoy seguro de que, en algún punto de la lectura, dejarás de sentirte aislado. Encontrarás esperanza al darte cuenta de que no eres el único que ha pasado por estas sombras.

Si el evangelio son verdaderas buenas noticias y a través de estas páginas Dios te revela su poder transformador, entonces lo mejor para tu vida está mucho más cerca de lo que imaginas. No tienes que correr, pero tampoco puedes quedarte quieto. Estoy convencido que Dios sanará tu corazón por completo como hizo conmigo y te mostrará el propósito glorioso que tiene para ti. Y lo más asombroso de todo: vivirás libre de temor.

"VERSÍCULO **DESTROZA TEMORES**"

SALMO 56:3-4

EL DÍA QUE TEMO, YO EN TI CONFÍO. EN DIOS ALABARÉ SU PALABRA, EN DIOS HE CONFIADO; NO TEMERÉ. ¿QUÉ PUEDE HACERME EL HOMBRE?

VERDAD:

A VECES EL MIEDO LLEGA SIN PREVIO AVISO, PERO, COMO DICE ESTE SALMO, PODEMOS TOMAR UNA DECISIÓN PODEROSA: CONFIAR EN DIOS Y ALABAR SU PALABRA. CON ÉL A NUESTRO LADO, EL MIEDO PIERDE SU PODER.

LA VERDAD ES QUE, CUANDO CONFIAMOS EN DIOS, EL TEMOR NO TIENE LUGAR EN NUESTRAS VIDAS."

CAPÍTULO UNO: CORTOCIRCUITOS, CUANDO EL DOLOR ROMPE EL SILENCIO

¡HELP!

Volar. Siempre ha sido algo que me ha incomodado, aunque, por razones del llamado de Dios, lo hago más a menudo de lo que me gustaría. Subo al avión, cierro los ojos y, casi de forma instintiva, comienzo a orar. Poco a poco, la incomodidad va cediendo, pero siempre he imaginado que, algún día, alguien inventará un paracaídas gigante que, en caso de que todo falle, haga que el avión descienda suavemente, como si fuera un colchón gigante que amortiguara el golpe. Claro, sé que aunque existiera ese invento milagroso, no tendría el control de lo que sucede en el aire. Ese miedo tiene raíces mucho más profundas que cualquier paracaídas. Antes me aterraba volar, pero no me inquieta conducir mi propio vehículo. Y la razón es sencilla: al volante, "creo" que tengo el control.

Uno de mis temores más grandes siempre ha sido no tener control, porque no soporto esa sensación de vulnerabilidad. Y esa vulnerabilidad, ese vértigo, es exactamente lo que experimenté cuando comencé a caminar por un camino que nunca imaginé transitar: el dolor de la traición.

Con esperanza y valentía, un día decidimos alquilar un pequeño edificio. Habíamos creado una radio cristiana en FM y necesitábamos un espacio para hacer crecer el proyecto. El lugar tenía dos plantas: la planta alta de 80 metros cuadrados, donde pusimos nuestro estudio de radio, y la planta baja de 116 metros, que decidimos transformar en un Coffee House, un lugar donde conectar con quienes nos escucharan. Al principio, todo parecía marchar bien, pero poco después, Dios nos habló de algo más grande: levantar una iglesia en ese mismo lugar. Era una visión que compartíamos con pasión, porque ya habíamos plantado una iglesia antes, en un pueblo de la ciudad, y habíamos visto frutos evidentes. Sin embargo, algo comenzó a cambiar.

Lo que inicialmente parecía una bendición de Dios, pronto se tornó en un torbellino de resistencia. Personas cercanas, amigos, incluso hermanos de fe, comenzaron a mostrar una actitud extraña. Las críticas llegaron en susurros, y lo que había comenzado con buenas intenciones se transformó en algo oscuro. Nos querían, sí, pero solo dentro de su propio círculo. Lo que habíamos soñado se convirtió en un obstáculo para algunos, y las tensiones comenzaron a surgir.

Las críticas se convirtieron en falsos rumores, palabras duras y miradas llenas de desprecio. Lo más devastador fue la sensación de aislamiento. Las personas con las que antes compartíamos mesa comenzaron a alejarse. La visión que Dios nos había dado parecía incomodar, y aunque no entendíamos por qué, pues siempre habíamos mantenido un testimonio intachable, nos vimos enfrentados a un rechazo gradual y desgarrador.

Lo que comenzó como una prueba de fe rápidamente se transformó en una tormenta emocional. Las palabras caían sobre mí como piedras pesadas, dejando cicatrices invisibles en el alma. El ambiente que antes rebosaba de paz ahora se veía invadido por tensiones y desprecio. A pesar de la injusticia que vivíamos, decidimos guardar silencio. Pensábamos que callar era lo correcto, que no debíamos dañar el testimonio de la iglesia del Señor. Pero ese fue mi gran error: callar. No estoy sugiriendo que siempre sea bueno hablar, pero si hubiera sabido lo que experimentaría, sin duda hubiera hablado, aunque fuera en privado, para no cargar con tanto dolor. Hoy, al compartir esto, no lo hago desde el resentimiento. Nunca sentí odio ni falta de perdón en mi corazón. Cada día, en el altar de la oración, soltábamos todo lo que presenciábamos y escuchábamos, con la certeza de que eso nos ayudaría a seguir adelante. Sin embargo, hay una gran diferencia entre perdonar y creer que el perdón borrará las cicatrices que otros han dejado. Las heridas eran reales. Tú puedes decidir no atacar en medio de una guerra, pero no puedes evitar que los golpes lleguen.

El sufrimiento crecía a un ritmo imparable, y lo más aterrador de todo es que ni siquiera era consciente de ello. Vivimos aquellos días con la sensación de estar completamente solos. Mi esposa y yo nos sosteníamos mutuamente, pero la carga interna seguía acumulándose, aplastándonos poco a poco. La resistencia, las puertas cerradas sin explicación, el desgaste emocional, todo eso me llevó a un punto de agotamiento que no había imaginado. Tres años de ataques constantes me empujaron al límite. Sin embargo, a pesar de todo, Dios nunca dejó de respaldarnos. Los frutos de ese sueño de levantar una iglesia diferente no fueron un logro personal, como algunos querían hacer creer, sino una clara evidencia de que Dios nos había llamado y estaba con nosotros. Y en medio de las adversidades, fuimos testigos de su fidelidad: de un pequeño espacio de 120 metros cuadrados, Dios nos entregó un nuevo lugar de 1800 metros, multiplicando por 15 veces lo que habíamos recibido. Lo que parecía imposible se convirtió en una manifestación tangible de su presencia.

Pero, una noche, el peso de todo explotó. Ese día supe, por primera vez, lo que realmente significan los ataques de pánico. Sin previo aviso, una ansiedad insoportable me envolvió, como si el aire se me escapara y mi corazón estuviera a punto de estallar. Fui corriendo al hospital, convencido de que aquello era el fin.

En la sala de emergencias, las lágrimas no paraban de brotar. Los médicos pensaron que podría ser un problema cardíaco y me realizaron varios exámenes. Todo estaba en orden, pero la conclusión fue devastadora: "Lo que usted está padeciendo son ataques de pánico, un cuadro de ansiedad acumulada".

Recuerdo ese momento con claridad. Me tumbaron en la camilla, temblando de miedo, convencido de que mi vida se desmoronaba. El pánico me devoraba por completo. Gritaba, pero no podía calmarme. Una sombra oscura de muerte se cernía sobre mí, tan real y palpable, que los médicos tuvieron que abalanzarse sobre mí para administrarme un sedante por vena.

Finalmente, me llevaron a una habitación oscura, y mi esposa, con una fuerza arrolladora, no soltaba mi mano. Yo estaba completamente fuera de control. Mi cuerpo se adormecía por momentos, pero en cuanto el sedante intentaba hacer efecto, saltaba involuntariamente de la camilla, como si no pudiera escapar de la tormenta interna que me devastaba. Lloraba desconsoladamente, pero el sedante solo lograba calmar mi cuerpo, mientras mi mente seguía atrapada en un caos emocional que no sabía cómo describir. Fue en ese momento cuando uno de los médicos, mirándome a los ojos con una intensidad que me desarmó, me preguntó:

—Antonio, cuéntame, ¿qué te está pasando realmente?

¿Cómo podía explicarle a un médico que no era cristiano que lo que estaba viviendo era el resultado de años de persecución emocional y espiritual? ¿Cómo podía decirle que, durante tres años, había estado llevando en silencio una carga tan pesada mientras mi alma se desmoronaba lentamente?

—No me pasa nada —respondí, más por miedo a ser juzgado que por pensar que él podría comprenderlo.

El médico me miró directamente a los ojos y me dijo:

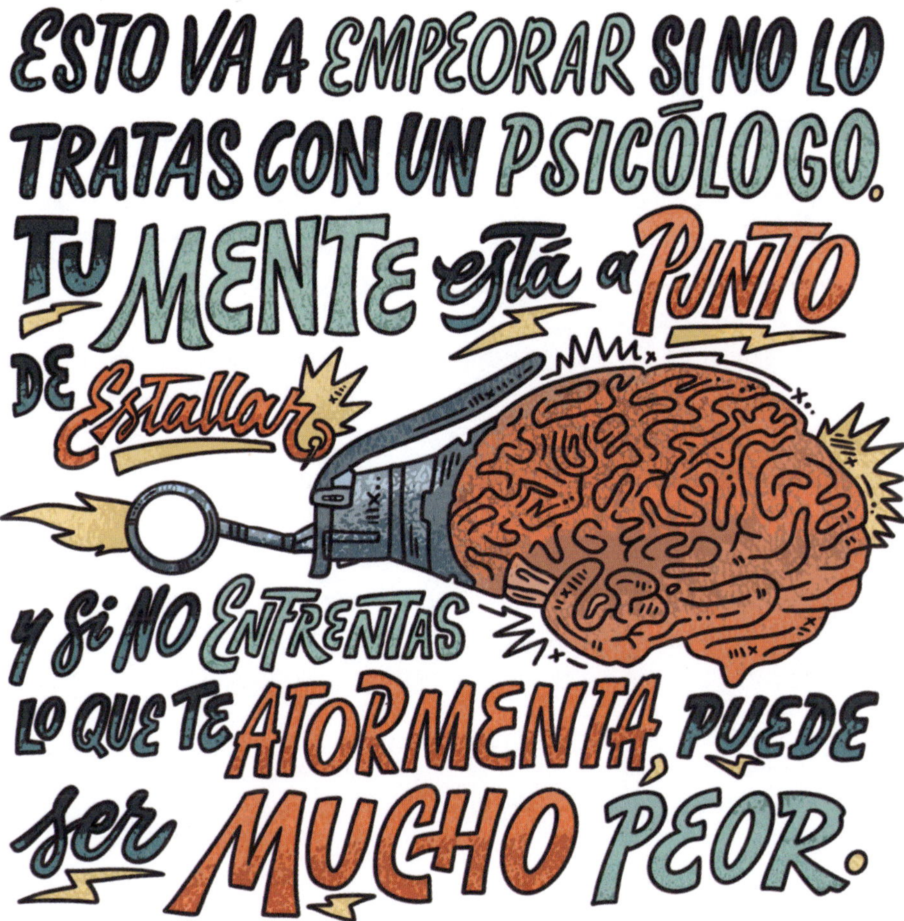

Así fue. El pánico no solo no desapareció, sino que se intensificó. Los días siguientes fueron una sucesión de episodios de ansiedad, como si el miedo se hubiera instalado en mi vida para quedarse. Miedo al fracaso, miedo al qué pensarán, miedo a que fuera el final. Y lo peor: guardaba todo ese sufrimiento para mí, convencido de que mostrar mi debilidad sería un desastre.

La mayor parte del tiempo me escondía en casa, evitando el mundo exterior. Durante la semana, me limitaba a atender los asuntos por teléfono, con tal de no revelar lo que realmente estaba viviendo. Solo salía los domingos, cuando me tocaba predicar en la iglesia, y recuerdo que, al salir de casa, lo único que deseaba era que la reunión terminara lo más rápido posible. Mis días ya no tenían el mismo ritmo; la lucha interna se volvía cada vez más abrumadora. Nadie sabía lo que ocurría en mi interior, salvo mi esposa, quien estaba al tanto de cada detalle, de cada caída. El resto solo veía la fachada perfecta: la iglesia crecía, la familia parecía estar bien, pero por dentro... me sentía completamente devastado.

Todo comenzó a cambiar como te comenté en la introducción, el día en que mi hijo, con la inocencia y la claridad que solo los niños tienen, me miró y me dijo: "No, papi, a ti te pasa algo, porque tú no eres así". Esa frase, dicha desde el corazón de un niño, fue la chispa que encendió la decisión. Fue entonces cuando, finalmente, acepté que no podía seguir ocultando lo que sentía. Necesitaba ayuda. Finalmente, tomé la decisión de dar un paso que nunca imaginé que daría. Fui al psiquiatra, porque ya no podía más con los temblores, la sensación de asfixia, los sobresaltos que me despertaban en medio de la noche, ni con el llanto incontrolable que me consumía. La ansiedad y los ataques de pánico me estaban debilitando físicamente, y fue esa carga constante la que terminó provocando una realidad. Cuando le conté brevemente mi historia, el diagnóstico fue directo y devastador: "Tienes depresión". Fue como si el mundo se derrumbara aún más, pero, al mismo tiempo, ese diagnóstico marcó el primer paso hacia mi recuperación.

Tal vez tú también has sentido ese miedo que te consume en silencio. Tal vez, como yo, sientes que no puedes más, pero quiero que sepas algo: hay esperanza.

El primer paso para eliminar miedos es compartir lo que te está sucediendo. ¿Estás preparado o preparada para dar ese paso?

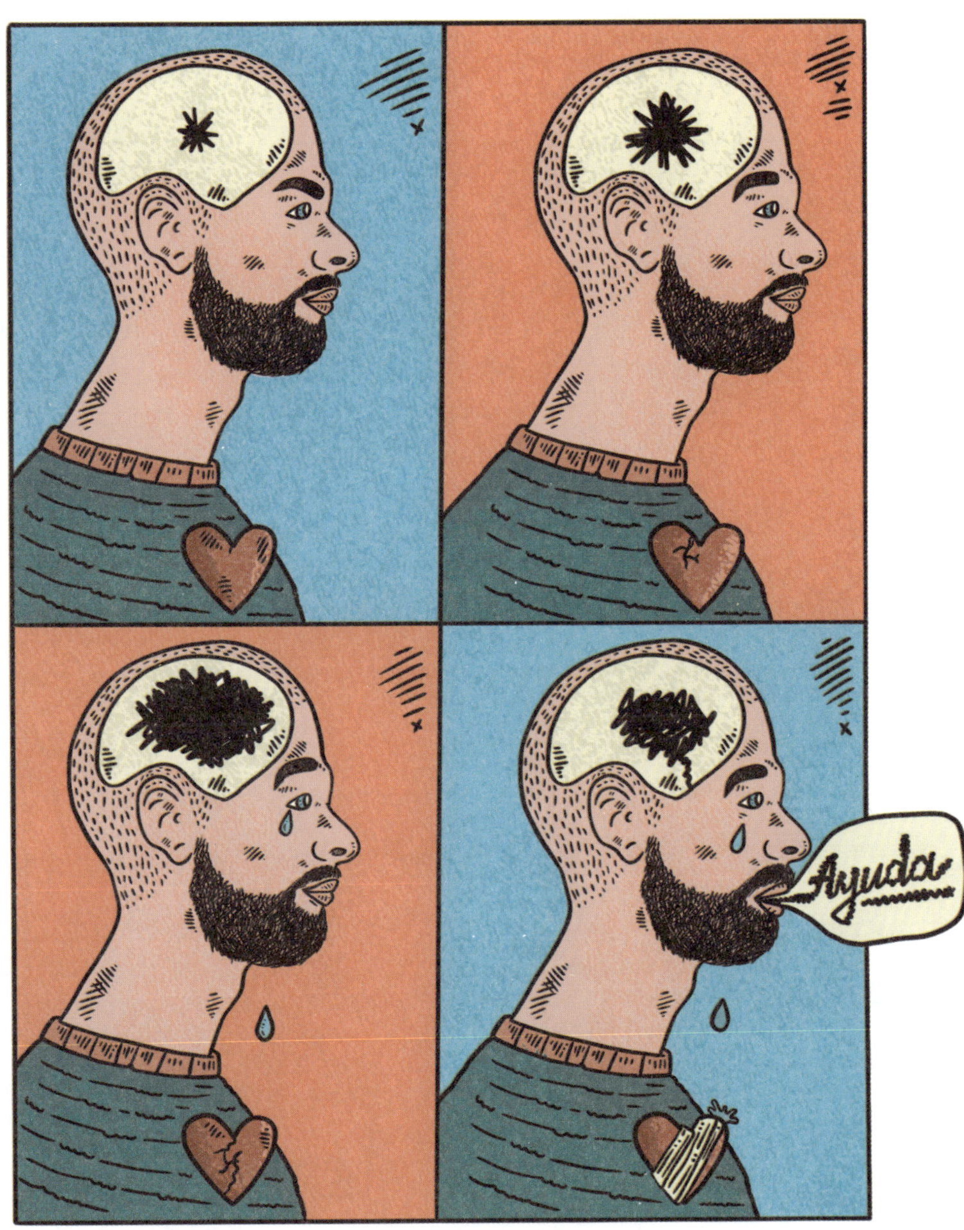

"VERSÍCULO **DESTROZA TEMORES**"

PROVERBIOS 12:25 (NBLA)

LA ANSIEDAD EN EL **CORAZÓN** DEL **HOMBRE** LO DEPRIME, PERO LA ***BUENA*** **PALABRA** LO ALEGRA.

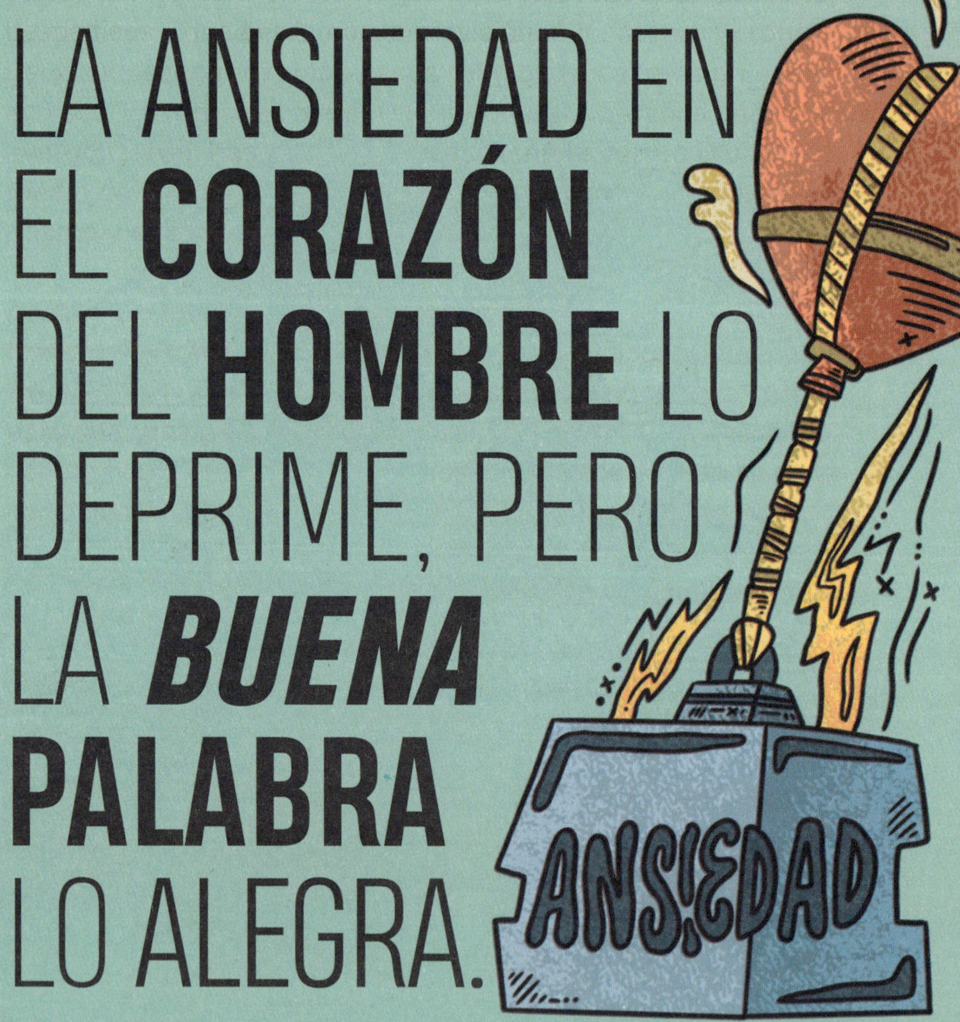

VERDAD:

ESTE VERSÍCULO RESALTA CÓMO COMPARTIR LO QUE NOS PREOCUPA PUEDE ALIVIAR NUESTRA ANSIEDAD. A VECES, HABLAR SOBRE LO QUE NOS PESA, **YA SEA CON DIOS O CON OTRAS PERSONAS,** PUEDE AYUDARNOS A ENCONTRAR CONSUELO Y ALIVIO.

ACCIÓN:

UN PASO PARA ELIMINAR MIEDOS ES COMPARTIR LO QUE TE ESTÁ SUCEDIENDO. **¿ESTÁS PREPARADO O PREPARADA PARA ROMPER EL SILENCIO?**

CAPÍTULO DOS:
AMA TUS SOMBRAS

En la cultura actual, estamos atrapados en un ciclo de apariencias. Nos esforzamos por mostrar una versión idealizada de nosotros mismos: coches que no podemos pagar, ropa con logotipos de marcas, fotos en redes sociales cuidadosamente filtradas, palabras rebuscadas para impresionar. Construimos una imagen irreal para **ganar aceptación,** ¿pero de dónde viene esta necesidad? ¿Por qué sentimos que tenemos que aparentar? La respuesta se encuentra en algo profundo: **el miedo.**

Quizás te preguntes qué tiene que ver un coche caro o una foto perfecta con el miedo. La respuesta está en las razones detrás de esas acciones. Si exploras tu corazón, si te permites descubrir las verdaderas motivaciones, verás que muchos de esos impulsos nacen del **miedo a no ser aceptado,** a compararnos y sentirnos menos que los demás. Hemos levantado una "cultura de la perfección aparente" en la que, paradójicamente, nos negamos a aceptar nuestra humanidad.

El problema es que este modo de pensar también entra en aquellos que somos creyentes. Cada vez es más difícil encontrar un espacio donde podamos mostrarnos vulnerables sin temor a no encajar. **La iglesia debería ser un refugio para todos, no un escaparate de perfección.** No estamos llamados a fingir que no fallamos; estamos llamados a reconocer nuestras debilidades y presentarnos ante Dios tal como somos. Amar nuestras sombras no significa conformarnos con nuestros errores, sino reconocer que somos imperfectos y que dependemos de Dios. Solo en Él hallamos la libertad de ser auténticos.

Ejemplos de sinceridad en la Biblia

David confesó su pecado. Job reconoció su ignorancia. Pablo se consideraba miserable, y Pedro, lleno de temor, negó a Cristo y después se arrepintió. Cada uno de ellos, personas frágiles, fueron escogidos por Dios para grandes propósitos, no porque fueran perfectos, sino porque aceptaron su humanidad. Dios no espera que seamos impecables. Nos creó en un mundo imperfecto, y mientras estemos aquí, seremos humanos: frágiles, rotos y dependientes de su gracia.

Aceptar nuestras sombras es liberador

¿Alguna vez has sentido que tenías que aparentar una espiritualidad que no es genuina? ¿Te has encontrado imitando a otros, perdiendo tu verdadera esencia en el proceso? ¿Te has visto forzado a simular que todo está bien cuando, en realidad, estás luchando en silencio? **Todo esto surge del miedo al juicio y al rechazo.** Yo mismo he caído en esa trampa. Hoy quiero compartir esto contigo, tal vez te ayude a ver que no eres el único. Fui uno de esos que predicaban a gritos, como si fuera necesario gritar para demostrar que la unción estaba presente. Me prostituía, despojándome de mi verdadera esencia para complacer a aquellos que me hicieron creer que la unción se mostraba de esa forma. Me he tirado al suelo voluntariamente, simulando ser tocado por el Espíritu, solo para que los demás pensaran que era muy espiritual, cuando en realidad me aterraba ver cómo otros caían y yo no. He hablado lenguas que no eran genuinas, sino invenciones mías, copiadas de lo que escuchaba. Recuerdo incluso una vez en la que profeticé sin que Dios me hubiera dicho nada, y exageré historias para impresionar a los oyentes. ¿Te imaginas? Y sé que piensas, "Menudo personaje de ficción", y tienes razón, pero quiero aclarar algo importante. Lo hice desde mi ignorancia. Cuando no conocemos a Dios de manera profunda, y solo seguimos unos pasos religiosos, caemos en estos errores. Errores que me persiguieron durante años, que me avergonzaron, hasta que un día escuché la voz de Dios en medio de un tiempo de oración, susurrando que podía ser yo mismo y que todo estaba perdonado.

Aceptar nuestras sombras no significa pensar menos de nosotros ni exagerar nuestras debilidades. La verdadera humildad no consiste en enfocarnos en lo que somos o no somos, porque para una cosa u otra se está centrando en uno mismo, la verdadera humildad se evidencia cuando pones tu mirada no en tu condición sino en quién es Dios. **Él es el centro, no nosotros.**

A menudo pensamos que la altivez se refleja en aquel que mira por encima del hombro, en quien se cree superior a los demás. Y sí, eso es una forma de altivez. Pero también existe otra forma, quizás más sutil, que es la de quien se ve a sí mismo como un gusano, como alguien sin valor. Porque, al final, en ambos casos, el foco está en uno mismo. Ya sea en la arrogancia o en la autocompasión, el centro sigue siendo el ego.

Por eso llego a la conclusión de que la verdadera humildad no depende de nuestras circunstancias ni de cómo nos vemos a nosotros mismos, sino de en quién ponemos nuestra mirada. Quien se enfoca en Dios, independientemente de su condición, es verdaderamente humilde. He visto millonarios que viven con una humildad impresionante, mientras que personas sin nada, por temor a no ser aceptadas o valoradas, se aferran al orgullo. El temor al rechazo, al fracaso, o a no ser suficientes, puede llevarnos a escondernos detrás de nuestras propias máscaras, ya sea de arrogancia o de autocompasión. Pero la humildad genuina surge cuando dejamos de temer y dejamos de mirarnos a nosotros mismos, para centrarnos únicamente en Él.

El amor echa fuera el miedo

La Escritura dice: "El verdadero amor quita el miedo." Para superar nuestros temores, necesitamos crecer en el amor de Dios. Al poner nuestra confianza en Él, dejamos de competir y de compararnos. Ya hemos ganado en Cristo, ya somos vencedores y tenemos una herencia segura. **No necesitamos demostrar nada a nadie.** Nuestra identidad está en Dios, y eso nos libera de las presiones externas.

Alguien cercano me aconsejó recientemente: "Aprende a aceptar tus sombras, no te castigues por ellas." Ahora, cuando me miro al espejo, aunque veo en mí marcas y cicatrices, tanto físicas como internas, puedo descansar aceptando que no puedo complacer las exigencias de todos los que me rodean.

“VERSÍCULO **DESTROZA TEMORES**”

1 TESALONICENSES 2:4 (NVI)

AL CONTRARIO, HABLAMOS COMO QUIENES HEMOS SIDO **APROBADOS POR DIOS** PARA QUE NOS ENCARGUEMOS DEL **EVANGELIO**. **NO BUSCAMOS AGRADAR A LOS HOMBRES**, SINO A **DIOS**, QUE EXAMINA NUESTROS **CORAZONES.**

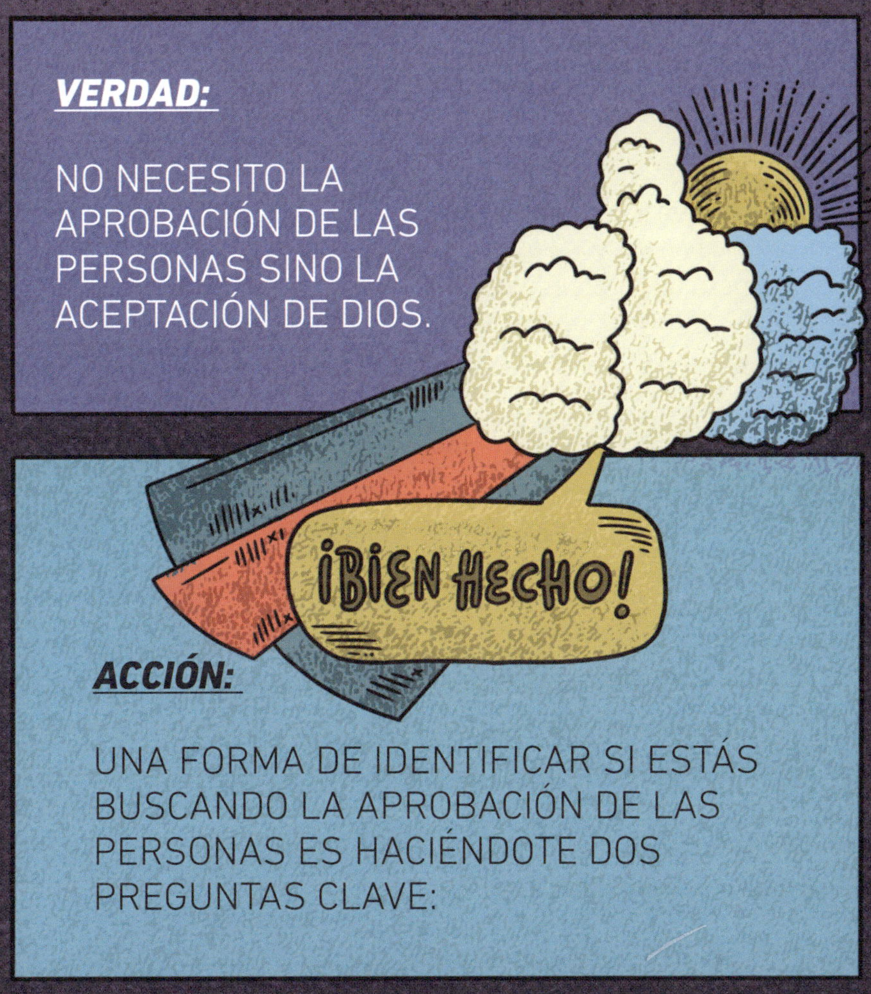

1. **¿Quiero la aprobación de [nombre de la persona]?**
2. **¿Necesito la aprobación de [nombre de la persona]?**

En la primera pregunta, la respuesta puede ser un sí completamente válido. Es natural querer la aprobación de las personas cercanas, como tu esposo/a, hijo/a, amigos o líderes. El deseo de ser aceptado y reconocido es parte de la convivencia humana.

Sin embargo, el problema surge cuando respondes sí a la segunda pregunta: **"¿Necesito la aprobación de [nombre de la persona]?"**

Aquí es donde entra el peligro. Necesitar la aprobación de alguien más por encima de Dios se convierte en un acto de idolatría. Estás colocando a esa persona en el lugar que solo le corresponde a Dios, y esto genera temores, especialmente el temor al rechazo. Cuando ponemos nuestra seguridad emocional en las manos de los demás, nos exponemos a la ansiedad y a la inseguridad.

La clave es reconocer que no necesitamos la aprobación de los demás para ser valiosos, ni para tener propósito. Solo la aceptación de Dios, quien conoce nuestros corazones, tiene el poder de transformar nuestra vida y destruir los temores que nacen del miedo al rechazo.

Este capítulo ha tocado temas profundos sobre los temores a no ser aceptado y cómo, muchas veces, nos dejamos influenciar por la aprobación de los demás. Nos gustaría saber cómo este tema resuena contigo. Si has experimentado miedos similares o tienes algo que compartir sobre cómo has enfrentado el temor al rechazo, aprovecha los siguientes renglones para escribirlo y desahogarte. ¡tu voz es importante!

....

....

....

....

....

....

....

....

....

....

EL QUE COMENZÓ
LA BUENA OBRA
EN MÍ.
LA IRÁ
PERFECCIONANDO
(POR MÁS ROTA QUE
PAREZCA.)
HASTA EL DÍA
DE CRISTO JESÚS.

CAPÍTULO TRES:
EL ATORMENTADOR DE TORMENTAS

¡Me encanta este concepto de Dios! El "atormentador de tormentas" me fascina. ¿Qué mejor título para describir una verdad tan grande como esta? Dios es capaz de convertir nuestras tormentas en algo completamente diferente. Él es el atormentador de nuestras tormentas, el que hace temblar nuestros miedos con su presencia.

Dios no es un osito de peluche; es la máxima expresión de poder. Él hace temblar las montañas. Imagina a Dios paseando por tu ciudad, y mientras camina, las montañas se deshacen al acercarse a ellas, como un helado derritiéndose bajo un sol abrasante. Así de imponente es Él, por lo menos, así lo describe el Salmo 97:5: "Los montes se derritieron como cera delante de Dios, delante del Señor de toda la tierra."

Cuando realmente entendemos la magnitud de este poder, nuestros miedos se desvanecen. Es como si te encerrara en una habitación llena de ratas; al principio, escucharías gritos y zapatazos. Pero luego, si insertara un león feroz, todo cambiaría. ¿A quién le importarían las ratas? Toda tu atención estaría focalizada en ese león rugiente porque ahora comprenderías que estás realmente en peligro. Dios es ese león, feroz e imbatible, y está de tu parte. El león está de tu parte, ¿lo sabes? **Tienes a tu favor al ser más manso y, al mismo tiempo, al más temible, feroz y violento que la creación haya conocido.**

Dios es el creador del universo, el que apoya sus pies en el globo terráqueo y se sienta en un trono que abarca los cielos. No tiene miedo, ni límites, ni rival. Así lo dice Isaías 66:1: "El cielo es mi trono y la tierra es el estrado de mis pies."

El problema con nuestros miedos es que nuestra mirada está enfocada en los Goliats. **Los Goliats tienen poder cuando te comparas con ellos.** Es cierto que nosotros somos pequeños, pero si pones a Dios en el lugar que le corresponde, esos gigantes acabarán siendo simples ratas inofensivas. **Él tiene la capacidad de aterrar a cualquier gigante que se atreva a amenazarnos.**

Veamos cómo se muestra este poder en la historia del profeta Elías. Elías vivió en tiempos del rey Acab, uno de los hombres más perversos de Israel. Junto con su esposa, Jezabel, gobernaban con brutalidad y promovían la idolatría, asesinando a los profetas de Dios. Pero Elías no le temía. En vez de esconderse, ¡los enfrenta! Imagina la escena: Elías se enfrenta a 450 profetas endemoniados en el monte Carmelo. Estos profetas se desgarran invocando a sus dioses y... nada ocurre. Pero cuando Elías clama al Dios verdadero, ¡desciende fuego del cielo!

Fue un espectáculo impresionante. Elías mata a los 450 profetas. Es una historia espectacular, si no fuera porque aún no es el final. Lo interesante de esta historia es que Dios quería llevar a su profeta a un nuevo nivel de conocimiento. Jezabel, furiosa, le envía un mensajero y dice: "Querido Elías, lo mismo que hiciste con mis profetas te sucederá a ti en menos de 24 horas". Y de repente, Elías, el profeta que acababa de ver la gloria de Dios y presenciar su poder, se asusta. Huye, desea morirse, entra en pánico, y una profunda depresión sacude toda su fe. **¿Cómo es posible? ¿Cómo puede alguien que ha experimentado algo tan grande caer en el miedo?**

La respuesta es simple y profunda: Elías era humano, como tú y como yo. Se cansó, sintió que su fuerza se agotaba y que la amenaza real de esta mujer acabaría con él. Pero Dios no lo abandonó. Dios quería llevarlo a un nuevo nivel de fe, a una visión más clara de Su grandeza. En la cueva donde Elías se escondía, Dios le muestra Su poder de una forma inolvidable. Imagina la escena y piensa que tú eres el que estás ahí, en medio de esa furia natural. Primero, un viento tan fuerte que destroza las montañas. Luego, un terremoto que sacude violentamente los cimientos de la tierra. Finalmente, una lluvia de fuego. Elías está en medio de esto, viendo cómo cada uno de estos elementos lo envuelven. ¿Cómo te sentirías tú? Yo no sé tú, pero si yo hubiera estado ahí, probablemente estaría temblando de miedo. El temor ante ese poder es inevitable. Cuando ocurre una catástrofe natural, las personas temen, y lo que Elías vivió no era una catástrofe común, ¡era mucho más grande que eso!

¿Qué está haciendo Dios? Le está recordando a Elías que Jezabel no es más que un piojo, un perrillo inofensivo, un pajarillo indefenso comparado con Él. Dios le está haciendo un favor a su hijo, le está enseñando Su poder. Quiere dejarlo asombrado. Lo ama tanto que tiene que hacerle un espacio en su agenda para revelarle lo mínimo que puede sucederle a alguien que se atreva a tocar a sus hijos.

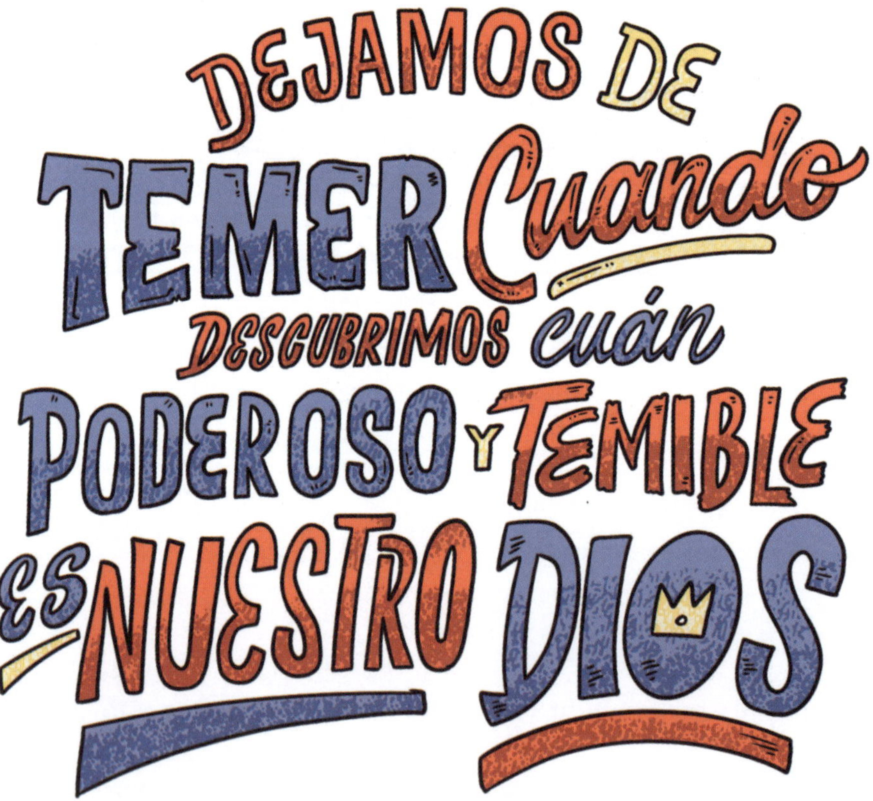

¿Qué debemos hacer cuando tememos? Observar la naturaleza de Dios. Contemplar Su grandeza y Su poder. El temor es idolatría, es decirle a tu miedo: "Eres más poderoso que mi Dios." ¿Lo puedes ver? La idolatría no es solo ir tras un santo de escayola o venerar una imagen, es colocar algo o a alguien por encima de Dios.

"VERSÍCULO **DESTROZA TEMORES**"

APOCALIPSIS 6:15-17 (NVI)

"ENTONCES **LOS REYES DE LA TIERRA, LOS PRÍNCIPES, LOS GENERALES, LOS RICOS, LOS PODEROSOS**, Y TODO ESCLAVO Y LIBRE, SE ESCONDIERON EN LAS CAVERNAS Y ENTRE LAS ROCAS DE LOS MONTES, Y DECÍAN A LOS MONTES Y A LAS ROCAS: **CAIGAN SOBRE NOSOTROS Y ESCÓNDANNOS DEL ROSTRO DE AQUEL QUE ESTÁ SENTADO SOBRE EL TRONO Y DE LA IRA DEL CORDERO,** PORQUE HA LLEGADO EL GRAN DÍA DE SU IRA, Y **¿QUIÉN PODRÁ RESISTIR?**"

VERDAD:

SI ENFOCAS TU MIRADA EN LA GRANDEZA DE DIOS Y EN SU FAVOR PARA CONTIGO, LOS TEMORES NO PODRÁN HACERTE DAÑO. LOS REYES DE LA TIERRA, LOS GENERALES, LOS RICOS, LOS "PODEROSOS" SE ESCONDEN ANTE SU PRESENCIA ...

ACCIÓN:

UNA FORMA DE IDENTIFICAR TUS MIEDOS ES PREGUNTÁNDOTE: ¿ESTOY ENFOCANDO MI MIRADA EN LOS GIGANTES QUE ME AMENAZAN, O EN EL PODER IMPARABLE DE DIOS QUE ESTÁ DE MI PARTE?

CAPÍTULO CUATRO:
PERRO LADRADOR, POCO MORDEDOR

MATAR
ROBAR Y
DESTRUIR

Cuando era pequeño, prácticamente todo me aterraba... bueno, no todo, pero sí cualquier cosa que escapara de mi control. Recuerdo que, al salir de clase, corría despavorido hacia mi casa por miedo a que algún maleante me hiciera daño o me robara. ¿Robarme qué? Si en aquella época no existían móviles, ni llevábamos tabletas o portátiles a clase. Solo teníamos libros, cuadernos y más libros. Pero, por alguna razón, bastaba ver a algún chico de mi edad con pendientes—que en ese entonces se asociaban con gente problemática—para que mi corazón se estremeciera.

En mi barrio corría la fama de un grupo de chicos que era mejor evitar. Ni siquiera los había visto, pero la forma en que la gente hablaba de ellos me llenaba de temor. Tanto escuchar sobre ellos, sin haber cruzado palabra, bastó para que el miedo se instalara en mí.

Una vez, iba camino al cine con un amigo y, de pronto, nos encontramos con ellos de frente. Nunca antes los había visto, no había redes sociales como ahora para reconocerlos, pero por los detalles que me habían contado, supe al instante que eran ellos. Mi corazón se detuvo. Intentaron robarnos, pero nosotros les dijimos que no llevábamos nada. Mi amigo, que había tenido la astucia de decirme que escondiera el dinero del cine en el calcetín, nos salvó de que nos quitaran lo poco que teníamos. Sin embargo, el susto no me lo quitó nadie. Antes de irse, uno de ellos, enfadado, le soltó un tortazo a mi amigo. Yo, por fortuna, salí ileso.

Esa experiencia me marcó durante años. Sumó más temores a los que ya arrastraba. Irónicamente, esos chicos no eran culturistas ni corpulentos; eran flaquitos, igual que yo. La diferencia estaba en su actitud: hablaban de manera distinta y llevaban pendientes en las orejas, un símbolo que, en aquel entonces, se asociaba con problemas y que la sociedad miraba mal.

¿Por qué me aterrorizaba tanto?

Primero, porque había escuchado hablar de ellos en mi barrio y sus historias me llenaron de pavor. Segundo, porque su apariencia confirmaba mis prejuicios. Y tercero, porque asumí que eran más fuertes que yo.

Esa combinación de temores, prejuicios y rumores alimentó un miedo irracional que me acompañó por mucho tiempo, hasta que aprendí a cuestionar esos pensamientos y a no permitir que el miedo tuviera tanto poder sobre mí.

Aquella experiencia con los chicos del barrio me enseñó una verdad que más tarde comprendería a través de la historia de David y Goliat. Muchas veces el miedo que sentimos no es tan real como parece; todo tiene que ver con dejarlo entrar en nuestra mente. Escuchar los rumores sobre aquellos chicos, prestar atención a sus apariencias y asumir que eran más fuertes que yo fue lo que realmente me ató. No eran sus pendientes, ni su forma de hablar, ni siquiera su fama; era el poder que yo mismo les había concedido al permitir que el miedo creciera en mi corazón.

1 Samuel 17:8-11 nos presenta a un Goliat arrogante, gigante y lleno de amenazas. El filisteo grita: "¿Acaso no soy yo filisteo y ustedes siervos de Saúl? ¡Escojan un hombre y que venga contra mí!" Pero a pesar de su gran boca y aparente ferocidad, **¿es Goliat realmente tan temible como parece?** Déjame preguntarte algo: ¿Tus miedos son realmente fieros o solo fanfarrones como Goliat, que ladran fuerte pero no muerden? **No dejes que un simple estruendo te haga temblar, porque cuando los enfrentas, se desploman como castillos de arena.**

Goliat parecía invencible: tres metros de estatura, una armadura de bronce que brillaba como el sol y armas pesadas. Era puro ruido y espectáculo, diseñado para intimidar. Su mensaje caló profundo en los corazones de los israelitas y hasta el propio rey Saúl, el guerrero más fuerte de Israel, se acobardó. Pero Goliat era solo eso, un perro que ladraba demasiado, porque así son los miedos que se levantan: parecen invencibles hasta que uno aprende a encararlos.

El atacante, se presenta con un ego inflado y con amenazas altisonantes. Pero ¿qué tan real es el peligro? **Goliat representa la voz que nosotros permitimos entrar y crece cuando prestamos atención a ellas.** Goliat se alimenta de nuestras inseguridades, y su poder aumenta solo si nosotros le damos cabida.

Los detalles de su armamento—su casco de bronce, su malla de 57 kilos, su lanza de 7 kilos—eran solo un disfraz para

infundir miedo. Y uno se pregunta: ¿si era tan poderoso, por qué necesitaba tanta decoración? Los verdaderos poderosos no necesitan intimidar; avanzan sin tanto ruido, son silenciosos y muy seguros de sí mismos, cuando deciden atacar lo hacen sin necesidad de amenazar, pero Goliat sabe que todo temor siempre termina anidando en el corazón de la víctima y necesita usar estrategias con tal de hacernos temblar.

El Poder de Escuchar Bien

Goliat ladró, amenazó, y se pavoneó durante cuarenta días. Si hubiera sido tan invencible como decía, ¿no habría atacado de inmediato? Sus continuas amenazas no mostraban fortaleza; al contrario, evidenciaban su necesidad de reafirmar un poder que en realidad no tenía. Probablemente, él mismo sabía quién era el Dios de Israel y el poder que los respaldaba.

Entonces, volvamos a la pregunta clave: **¿A quién estamos escuchando?** No es lo mismo oír que escuchar. Oír, oímos todos, a no ser que padezcamos de sordera. Escuchar es **poner atención** a lo que estamos oyendo.Cuando dejamos de escuchar a Dios y prestamos oído a amenazas como las de Goliat, **el miedo se instala.**

La Respuesta de David: Acción y Fe

Y aquí entra David. Sin armadura, sin experiencia militar, con una honda y unas piedras, y convencido de que la batalla le pertenecía a Dios. Su valentía no provenía de un ejército o una espada, sino de su comunión con Dios.

David no solo venció a Goliat, sino que lo hizo sin las armas que el mundo consideraba necesarias. La espada de Goliat, símbolo de su falsa autoridad, fue la misma que David usó para cortarle la cabeza.

La respuesta de David, no es la de un guerrero que confía en su fuerza, sino la de **un siervo que depende totalmente del poder de Dios.**

Enfrentando Nuestros Propios Goliats

¿Y nosotros? ¿Cuántas veces permitimos que Goliat termine con nuestra paz? El miedo se instala cuando observas con detenimiento la amenaza. LA ÚNICA FORMA DE NEUTRALIZAR EL TEMOR ES ENFOCÁNDOTE EN LA PRESENCIA DE DIOS.

No todo lo que amenaza ataca, los miedos también fingen ser gigantes. Cualquier Goliat que te quiera enfrentar tiene sus días contados si aprendes a confiar EXCLUSIVAMENTE EN DIOS.

La Diferencia Entre Ver al Gigante y Ver a Dios

David comprendía que no era su habilidad lo que le daba la victoria, sino el Dios que luchaba con él. **Mientras otros veían un gigante, David veía al Dios que tantas veces lo había salvado.**

Deja que los Goliats ladren todo lo que quieran. Tú solo escucha la voz de Dios, y verás cómo el miedo desaparece. En lugar de ver al gigante, mantén tu mirada en el Dios que ya ha vencido al mundo y cualquier gigante que se levante contra ti.

Así que, **como David, confía y corre hacia la batalla.** Porque mientras estés con Dios, no hay gigante que pueda vencerte.

"VERSÍCULO **DESTROZA TEMORES**"

ISAÍAS 51:12-13

"YO, **YO SOY QUIEN OS CONSUELA.** ¿QUIÉN ERES TÚ PARA QUE TENGAS TEMOR DEL HOMBRE, **QUE ES MORTAL, Y DEL HIJO DEL HOMBRE,** QUE COMO HIERBA ES TRATADO? ¿Y **HAS OLVIDADO AL SEÑOR TU HACEDOR,** QUE EXTENDIÓ LOS CIELOS **Y ESTABLECIÓ LA TIERRA?"**

VERDAD:

EL TEMOR SE ARRAIGA EN NUESTRAS VIDAS CUANDO **PRESTAMOS ATENCIÓN Y OTORGAMOS CREDIBILIDAD A VOCES QUE NO PROVIENEN DE DIOS.** MUCHAS VECES, NUESTROS MIEDOS NACEN Y CRECEN PORQUE LES DAMOS UNA RELEVANCIA QUE NO MERECEN. RECORDEMOS QUE EL **PODER DEL HOMBRE ES LIMITADO, MIENTRAS QUE LA FORTALEZA DE DIOS ES INFINITA.**

ACCIÓN:

DAVID ENFRENTÓ A GOLIAT CON FE Y VALENTÍA; AHORA **ES TU TURNO DE ENCARAR A TU PROPIO "GIGANTE". ¿CÓMO SE LLAMA TU MIEDO?** SEA CUAL SEA SU NOMBRE, DILE CON FIRMEZA: "NO TE TENGO MIEDO. TUS AMENAZAS SUENAN FUERTES, **PERO LA VOZ DE MI DIOS TRUENA MILLONES DE VECES POR ENCIMA DE LA TUYA."** ENFRENTA TUS TEMORES CON LA HERRAMIENTA MÁS PODEROSA: LA ORACIÓN. DEDICA UNOS MOMENTOS SIN INTERRUPCIONES, Y ORA CON CONVICCIÓN. DEJA QUE EL ESPÍRITU SANTO OBRE EN TI, Y SELLE ESTA PALABRA LIBERÁNDOTE DE ESA CARGA QUE HAS ESTADO POR TANTO TIEMPO LLEVANDO. **MIENTRAS ORAS, DEJA QUE DIOS RENUEVE TU FUERZA Y LLENE TU CORAZÓN DE PAZ Y CONFIANZA.**

Hoy es el día de levantarte en fe y recordar que con Dios, no hay temor que prevalezca.

CAPÍTULO CINCO:
EL NIÑO QUE NO TENÍA MIEDO

Esta es la historia de Albert, un niño que creció sin saber lo que era el miedo. La oscuridad no lo asustaba, nunca temió quedarse solo en casa, ni siquiera le sorprendían las películas de terror. Para él, esas cosas eran inofensivas, como si el miedo fuera una emoción ajena a su vida. Sus amigos, incrédulos ante lo que decían sobre él, decidieron poner a prueba su valentía. Planearon una noche llena de juegos y pruebas aterradoras, con la esperanza de descubrir si realmente Albert era inmune al miedo. Al finalizar la velada, se dieron cuenta de que no habían logrado nada. Albert parecía estar hecho de hierro, sin mostrar ni el más mínimo indicio de temor o ansiedad.

A medida que Albert crecía, esa falta de miedo seguía siendo una constante en su vida. A los 19 años, se enamoró de Zara, una joven radiante, carismática, risueña y extrovertida. Ella era todo lo que él había soñado, diferente, única. Albert no dudó ni un segundo en invitarla a salir. La llevó a un restaurante elegante, disfrutaron de una noche cálida, compartiendo sonrisas y miradas de complicidad. Aprovechó el momento para declararle su amor, y para su sorpresa, ella le correspondió. Desde esa noche, comenzaron un noviazgo que Albert nunca habría imaginado. Sin embargo, cuenta este chico que en ese mismo momento comprendió qué era temer.

Albert experimentó ese miedo por primera vez, cuando pensó que algún día podría perder a Zara. Ese temor lo sacudió, un miedo profundo y real, algo que nunca antes había sentido.

Todos tememos cuando pensamos que podemos perder algo que valoramos.

El miedo surge cuando pensamos que perderemos lo que amamos: tememos perder a nuestra esposa, porque la amamos. Nos aterra subir a un avión, imaginando que se podría estrellar y perderíamos nuestras vidas. Si recibimos una convocatoria inusual de nuestro jefe, el corazón se nos acelera, tememos ser despedidos y que perdamos la provisión.

A veces, valoramos tanto la aprobación de los demás que somos capaces de hacer lo que sea para no enfrentar el rechazo, lo que nos pone nerviosos. Tememos lo que otros piensen de nosotros, tememos no aprobar un examen crucial porque podría poner en riesgo la carrera por la que tanto hemos trabajado, tememos los cambios, tememos un diagnóstico médico, y mucho más...

Si te preguntas a ti mismo, **"¿qué es lo que estoy amando?", la respuesta te puede mostrar de dónde proceden tus miedos.**

¿Por qué tememos?

Porque no estamos alineados con el pensamiento correcto. Es fascinante que, en la Biblia, dependiendo la versión que uses puedas encontrar a Dios diciendo "No temas" en mas de 365 ocasiones, una por cada día del año. Cuando algo se repite con tanta frecuencia, es porque nuestra inclinación natural es caer presos del miedo con mucha facilidad.

El enemigo es astuto, se infiltra en nuestra mente, sembrando imágenes aterradoras para paralizar la obra de Dios en nuestras vidas. Por eso, tantas veces Dios nos dice: "No temas".

¿Cuándo dejaremos de temer?

Dejaremos de temer cuando comprendamos que nuestro Dios es más temible que todos los temores juntos. Satanás es malvado, pero su maldad no pone a Dios nervioso. Al contrario, **Satanás tiembla cuando ve a Dios.** ¿Recuerdas la historia en el libro de Job 2:2, cuando Satanás tuvo que rendir cuentas ante Dios? Dios le preguntó, "¿De dónde vienes?", y Satanás respondió, "De recorrer la tierra y andar por ella". Pero, ¿es Dios quien tiembla de miedo? No, para nada. Es **Satanás quien se encuentra intimidado ante el poder y la grandeza de Dios.**

Uno de los problemas en el cristianismo actual es que no se profundiza en el carácter completo de Dios. A menudo, se predica sobre su amor, su perdón y su compasión. Y, por supuesto, todo eso es cierto, pero también debemos recordar su poder, su ira, su magnificencia, su fortaleza. **Dios no solo es amor, sino que es un ser soberano, temible y glorioso.**

El apóstol Pablo lo entendió perfectamente. Mientras algunos temían por sus vidas en un barco a la deriva, Pablo mantenía una paz profunda. Él sabía quién era Dios, confiaba en su soberanía y descansaba en su poder.

Regresando al principio de este capítulo, Albert no temía porque no le daba valor a las cosas. Pero todos, tarde o temprano, temeremos perder lo que amamos. Sin embargo, si enfocamos nuestra mirada en Dios, recordamos que lo único que realmente importa es nuestra relación con Él. Todo lo demás es temporal, incluso las personas que amamos, pero Dios no es temporal, es eterno.

Lo que tienes hoy puede no estar contigo mañana. No puedes garantizar que tu esposo estará a tu lado para siempre. Un día, su corazón dejará de latir. No tienes control sobre tu salud; un diagnóstico puede llenarte de ansiedad. Un día recibirás una llamada que cambiará tu vida. La vida está llena de incertidumbres.

Lo importante es que, sin importar los miedos que lleguen, **Dios sigue en su trono, gobernando con justicia. Sus ojos no se apartan de ti ni por un segundo.** Si tienes esa imagen en tu mente, te dará una paz que sobrepasa todo entendimiento.

Si Dios está a favor de nosotros, ¿quién contra nosotros? Todo está bajo control. Descansa en Él.

DIOS
MI VIDA
ESCENA 20
TOMA 25

"VERSÍCULO **DESTROZA TEMORES**"

SALMO 76:7

TÚ, QUE ERES TEMIDO, **¿QUIÉN PODRÁ** *RESISTIR DELANTE DE TI* CUANDO SE **ENCIENDA TU IRA?**

VERDAD:

SI EL MIEDO TE CONSUME POR LA POSIBILIDAD DE PERDER ALGO O ALGUIEN QUE AMAS, **RECUERDA QUE DIOS ES MÁS GRANDE QUE CUALQUIER TEMOR.** ÉL TIENE TODO BAJO CONTROL Y SU PODER ES ABSOLUTO. NO HAY NADA NI NADIE QUE PUEDA RESISTIR SU AUTORIDAD. **CUANDO CONFÍAS PLENAMENTE EN ÉL,** CUALQUIER PÉRDIDA SE CONVIERTE EN ***UNA OPORTUNIDAD PARA QUE SE CUMPLA SU VOLUNTAD PERFECTA EN TU VIDA.***

ACCIÓN:

PON TU CONFIANZA EN DIOS, PORQUE LO QUE PIERDES EN ÉL NUNCA ES REALMENTE UNA PÉRDIDA. TODO LO QUE ÉL PERMITE ES PARA TU BIEN, Y TODO LO QUE ENTREGAS A SU VOLUNTAD SE TRANSFORMA EN UNA GANANCIA ETERNA. NO TEMAS, ÉL TIENE EL CONTROL.

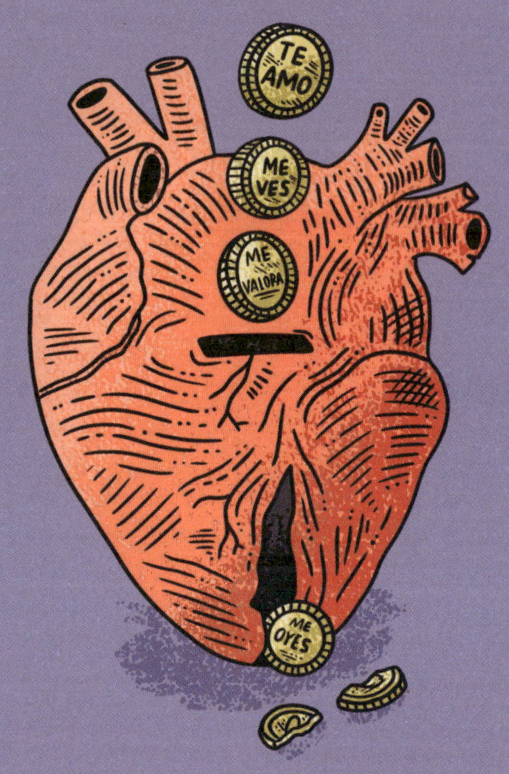

CAPÍTULO SEIS:
LA MENDIGA DEL AMOR

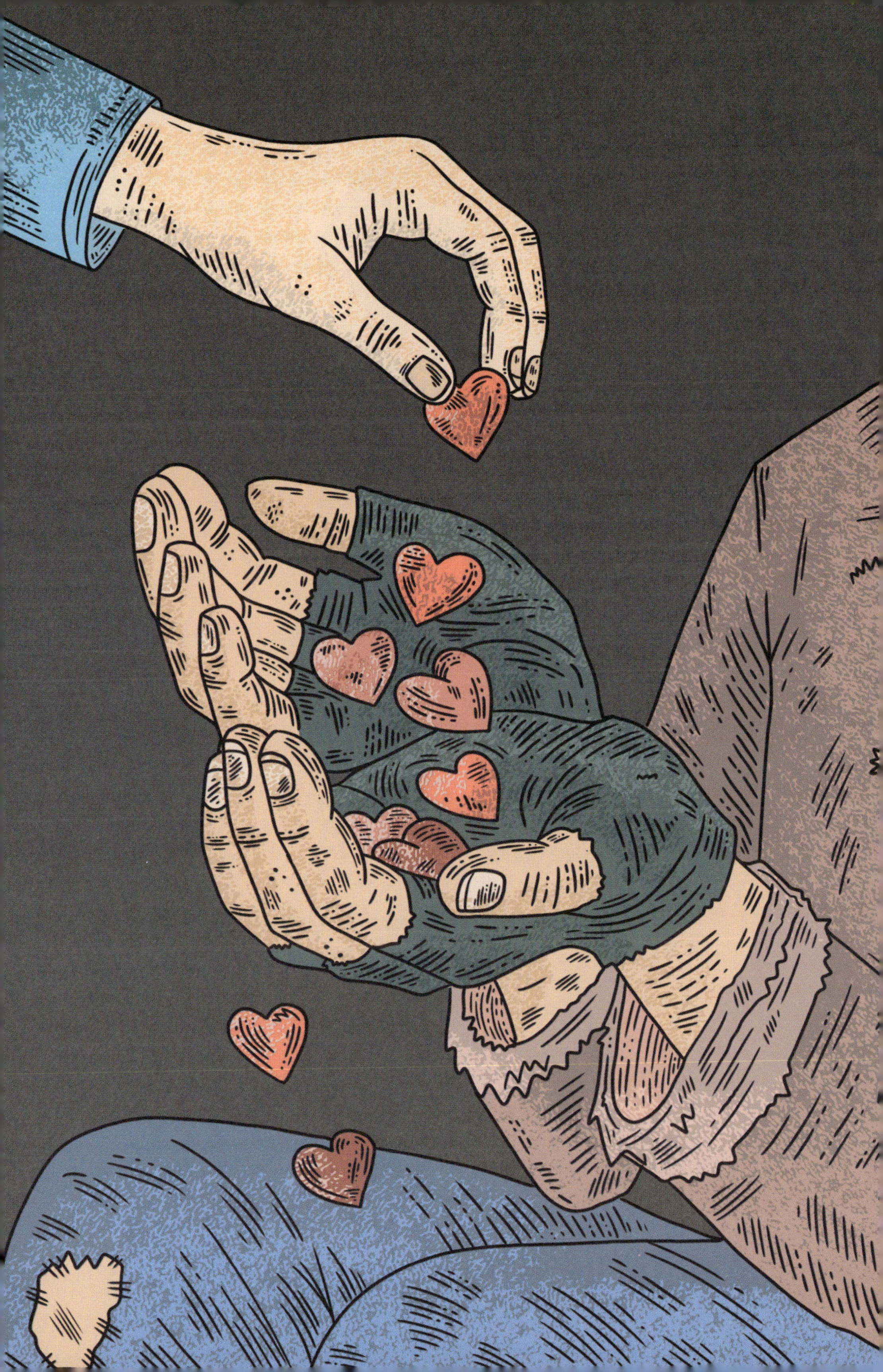

"Estrellita" era una perrita que vivió con nosotros un tiempo. La llamaba "La Mendiga del Amor", porque nunca se cansaba de buscar caricias, de rogar por atención. No importaba cuántas veces la acariciáramos o le prestáramos atención a lo largo del día, siempre quería más. Era como si el amor que recibía nunca fuera suficiente, como si algo en ella estuviera constantemente vacío, necesitando llenar un espacio que nunca se completaba.

Cuando la paseábamos, su misión era clara: tirarse a los pies de cualquier persona que se cruzara en su camino, esperando que la acariciaran. No era un gesto ocasional; era una necesidad persistente, un deseo incontrolable de ser querida, de recibir amor de todos, sin importar quién. No exagero al decir que podía llegar a ser molesta. Era como si, por más amor que le diéramos, nunca le alcanzara.

Y en muchos aspectos, nosotros podríamos llegar a ser como Estrellita. Buscamos el amor, la aceptación, la aprobación, sin importar el precio. Lo hacemos porque **nos aterra la idea de ser rechazados.** Nos aterra la posibilidad de no ser suficientemente buenos para alguien, de que no nos quieran. Lo sé porque lo he vivido en carne propia. He luchado con ese sentimiento, y he tenido que aprender, a duras penas, a enfrentarlo. He tenido que darme un baño de realismo, de entender que, para superar el miedo al rechazo, primero debemos identificar su raíz.

El miedo es un indicador. Como una luz roja que se enciende en nuestro cerebro, diciéndonos "peligro". Ese miedo señala algo valioso que estamos arriesgando. Pero, ¿qué estamos perdiendo realmente si alguien nos rechaza? ¿No sería liberador, aunque doloroso, saber con quién realmente contamos y con quién no? ¿No sería más valioso enfrentarnos a la verdad?

En mi caso, cuando alguien me rechazaba, solía fingir que estaba bien. Pero mi mente no dejaba de darle vueltas a la situación: *"¿Qué hice mal? ¿Por qué se alejó esta persona?"* Sentía que, por más que daba, menos apreciaban lo que ofrecía. Aclaro que no era así con todos, pero las heridas del rechazo, de algunas de las personas que fueron importantes a lo largo de mi vida, me hicieron más inseguro. Me di cuenta de que todos somos fuertes, pero también débiles. Fuertes porque podemos enfrentar el rechazo, si desarrollamos un carácter sólido. Pero débiles, porque a veces esa fortaleza es solo una fachada que esconde nuestras inseguridades.

La Biblia dice que el corazón humano es engañoso (Jeremías 17:9). Y Satanás, el padre de la mentira (Juan 8:44), se aprovecha de esto. Nos quiere hacer creer que nuestra misión en la vida es mendigar amor, cuando en realidad, estamos diseñados para dar amor, no para suplicar por él. El perfecto amor echa fuera el temor (1 Juan 4:18). Y eso fue lo que entendí. La mejor manera de amar es aprender a soltar, a dejar ir. Porque quien verdaderamente ama no se aferra a nada, excepto a Dios. Aferrarse es egoísmo, es todo lo contrario a amar.

Ahora, tal vez te preguntes: **¿Cómo sé si estoy temiendo al rechazo?** Ideas como las siguientes llegan a nuestro corazón:

1.- "No soy suficiente." Ese sentimiento de que, por más que hagas, siempre falta algo. Como si todo lo que haces no fuera lo suficientemente bueno para las expectativas de los demás.

2.- "Lo que soy no importa, nadie lo ve." Cuando te sientes invisible, como si tus esfuerzos, tus valores, y tu esencia fueran ignorados, y que lo que aportas al mundo no tiene ningún impacto real.

3.- "Siempre hay alguien mejor." Esa voz interna que te dice que, aunque lo intentes con todo tu ser, siempre habrá alguien que lo haga mejor, más rápido o más perfecto que tú.

4.- "Si tan solo fuera diferente." La fantasía de que si cambiaras algo en ti mismo—ya sea tu apariencia, tu forma de hablar, tu personalidad—entonces las cosas serían distintas, como si tu valía dependiera de una versión alterada de ti.

5.- "No encajo, nunca encajaré." Ese sentimiento persistente de ser un extraño, de no encontrar tu lugar, como si todos los demás estuvieran destinados a ser parte de algo mientras tú quedas excluido, atrapado fuera del círculo.

6.- "Si no les gusto, es porque hay algo mal conmigo." La idea destructiva de que el rechazo no es solo una respuesta a tus acciones, sino una condena a tu ser, como si tu identidad estuviera equivocada y fuera la razón del rechazo.

7.- "Nunca lograré que me acepten." El pensamiento derrotista de que, independientemente de lo que hagas o cuán esforzado seas, nunca serás suficiente para ganar la aceptación que deseas. Es una batalla perdida antes de comenzar.

8.- "Siempre soy el que queda al margen." Ese doloroso pensamiento de estar destinado a ser el espectador, el que nunca tiene una verdadera conexión o lugar en la vida de los demás, el que nunca es el primero en ser elegido.

9.- "Las personas solo me quieren cuando soy útil para ellas." La sensación de que las relaciones son transacciones, y que cuando ya no puedes ofrecer algo o ser útil, desaparecen y ya no vales nada.

10.- "No soy digno de amor." El pensamiento más destructivo: creer que el amor no es algo que mereces, que siempre estarás en deuda o que siempre estarás buscando amor en lugares equivocados.

Todos hemos sido rechazados en algún momento. Tal vez te despidieron de un trabajo, o alguien cercano te dejó en un momento crítico. Un líder aprovechó tu talento hasta que apareció otro mejor. Un amigo, tras años de confianza, se alejó por interés personal. Tal vez un profesor te ignoró o una pareja te abandonó por otra. El rechazo tiene mil formas, pero **¿cómo lo enfrentas?**

Acepta esto. Cuanto antes te acostumbres a esta realidad, más rápido experimentarás la libertad en tu alma. Que te rechacen no significa necesariamente que hiciste algo mal. Jesús no hizo nada malo, al contrario, fue perfecto, y sin embargo, lo rechazaron desde el principio hasta el final. Hoy, millones lo siguen rechazando, pero Él nunca cedió a mendigar amor. Su propósito era mucho mayor que enfocarse en aquellos que lo despreciaban. ¿Lo entiendes? No tienes la culpa de caerle bien o mal a los demás. Las personas cambiamos, somos imperfectos, y no puedes poner tu valor en aquellos que no te valoran.

Lo más trascendental es saber esto: **todos me pueden rechazar, pero Dios nunca lo hará.** Y eso, te hará sentirte muy especial. El Creador te ama, el Omnipotente te desea, el Poderoso se deleita en ti.

"Aunque mi padre y mi madre me abandonen, el Señor me recibirá en sus brazos" (Salmo 27:10, NVI).

La única forma de enfrentarlo es a través de la verdad. La verdad, aunque a veces duela, sana. La verdad es esta: **Cristo fue rechazado, y tú también lo serás.**

Por último, recuerda que no estamos llamados a buscar la aceptación de los demás. ¿Quiero ser aceptado? Claro que sí. Pero, ¿realmente lo necesito? No.

Esa es la gran diferencia. Por supuesto, me encantaría caerle bien a la gente, pero eso no es algo de lo que dependa mi bienestar o mi propósito.

Cuando respondes a esas dos preguntas con claridad, significa que no solo lo entiendes, sino que estás sanando. No tengas miedo al rechazo, incluso si alguien ha estado a tu lado durante mucho tiempo. Dios sabe por qué ciertas personas deben alejarse de ti. Confía en Él, porque es bueno que algunas personas no estén tan cerca de nosotros como deseamos.

"VERSÍCULO **DESTROZA TEMORES**"

GÁLATAS 1:10 (NVI)

¿QUÉ BUSCO REALMENTE: GANARME *LA APROBACIÓN HUMANA* O **LA DE DIOS?** SI MI OBJETIVO *ES AGRADAR A LOS DEMÁS*, **NO SERÍA** SIERVO DE ***CRISTO.***

VERDAD:

LA MADUREZ ESPIRITUAL CONSISTE EN ACEPTAR QUE EL RECHAZO ES PARTE DE LA VIDA. ESTABLECE TUS CONVICCIONES EN CRISTO, Y SERÁS COMPLETAMENTE LIBRE DE CUALQUIER SENTIMIENTO DE RECHAZO.

ACCIÓN:

AVANZA, AVANZA, Y AVANZA. NO HAS SIDO LLAMADO A MENDIGAR AMOR.

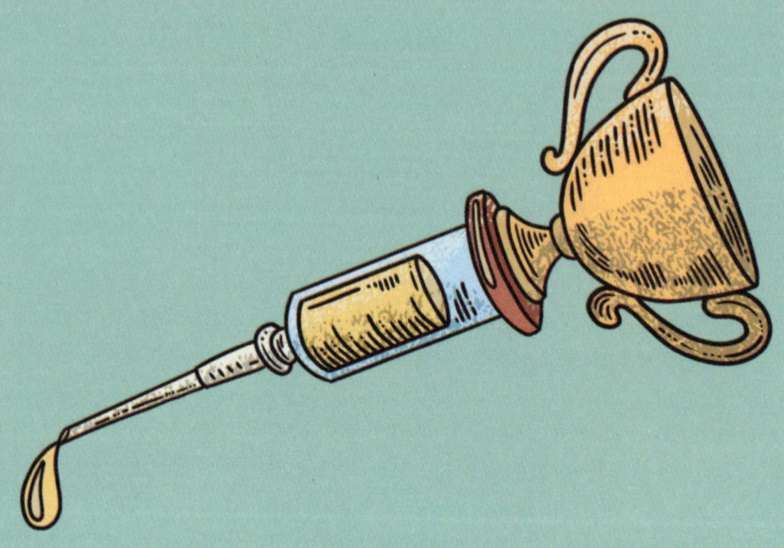

CAPÍTULO SIETE:
YONQUIS DEL ÉXITO

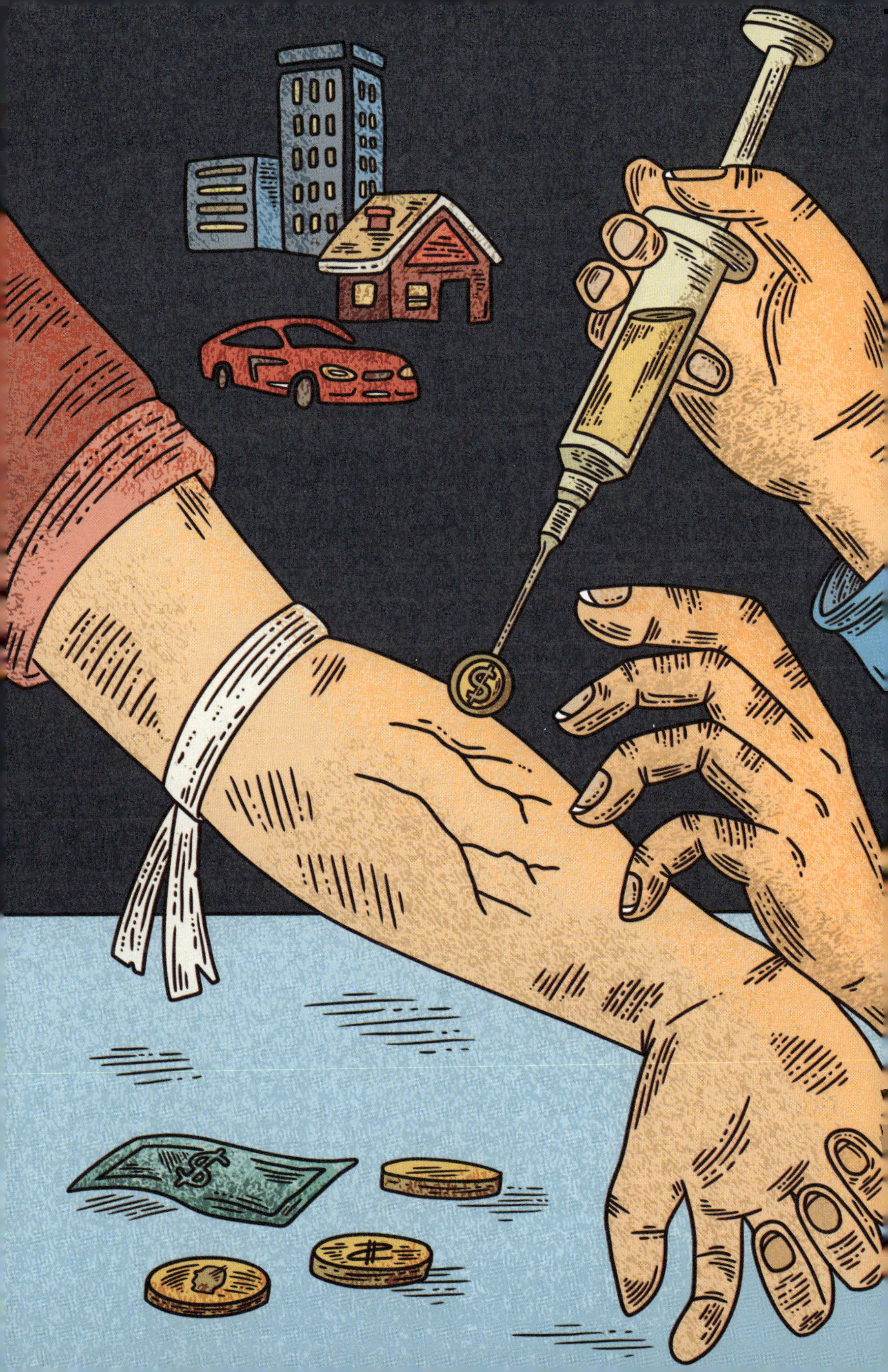

Cuando la ansiedad, el pánico y la depresión comenzaron a dominar mi vida, decidí emprender un proceso de sanidad. Uno de mis consejeros me sugirió que escribiera todos los miedos que estaba enfrentando. "Hazlo con calma y con detalle", me dijo, "no apresures el proceso, y analizaremos cada uno". Así lo hice, y al hacerlo, descubrí miedos que ni siquiera había reconocido. Fue entonces cuando el Espíritu Santo comenzó a revelar aspectos profundos y ocultos de mi corazón que jamás había visto. El primero que anoté fue: "Tengo miedo a fracasar". Escribí sobre el porqué de este miedo y luego traté de reemplazar ese pensamiento con lo que la Palabra de Dios enseña.

La palabra "yonqui" se usaba en los años 90 para describir a quienes eran adictos a la heroína, pero, ¿sabías que muchas personas son "yonquis" del **éxito**? Esta adicción es una droga tan feroz y dañina como otras. Nos aterra el fracaso. En mi caso, tenía un temor profundo al fracaso ministerial. Pensaba, *¿y si me precipité al firmar el contrato para el nuevo templo?* La Iglesia

era pequeña, apenas unos pocos hermanos, y de repente me encontraba en un edificio para convocar a centenares y centenares de personas. ¿Y si las cosas salían mal? Los gigantes de la tierra prometida parecían más fuertes que mi fe. Pensamientos y voces de "personas de fe" decían que no lograría lo que había comenzado, que mi llamado no venía de Dios, sino que era un impulso personal. Quería reaccionar como Josué y Caleb, pero mi mente estaba llena de pensamientos de fracaso.

Aunque en ese momento me sentía débil, estando en tratamiento para la ansiedad, el pánico y la depresión, no me dejé vencer. Cada día me levantaba de la cama, me ponía en pie y oraba: "Señor, no permitas que fracase". Era un pensamiento constante, ¿qué había detrás de todo esto? Descubrí que tenía miedo de que otros presenciaran mi caída porque por muy triste que suene, la envidia en el ámbito cristiano también existe. **Aprendí que si vivo buscando la aprobación de las personas, moriré cuando llegue la crítica de alguno de ellos.** Esa presión me había destruido durante años. Ahora, todo es diferente. Dios trató mi corazón y **dejé de medir el éxito por los resultados.** Mi éxito ya no depende de lo que otros piensen de mí, sino de mi obediencia a Dios. No necesito aplausos ni elogios de nadie. **La verdadera medida del éxito está en la obediencia a Dios,** no en las reacciones, ni en los deseos de los demás.

La verdadera medida
del éxito está en
la obediencia a Dios

La necesidad de ser exitoso se ha convertido en una adicción, igual o peor que las drogas. Vivimos en un mundo que promueve el éxito a través de los referentes de la televisión, el cine, el deporte y la empresa. Sin embargo, esos referentes muchas veces viven vidas vacías y solitarias. El éxito que el mundo nos vende está lleno de mentiras, que nos desenfocan por completo. Nos enseñan que el éxito es tener seguidores, riquezas, un buen empleo, sonreír siempre, ser importantes. Pero, ¿quién dijo que eso es éxito?

El miedo a fracasar se intensifica cuando olvidamos cómo Dios nos ve. Últimamente se ha hablado mucho sobre nuestra identidad en Cristo, pero todavía no ha calado lo suficiente en nuestros corazones. Yo temía profundamente fracasar, porque sabía que había personas observando a distancia, deseando que mi paso de fe con el nuevo templo no tuviera éxito, para que pudieran confirmar que mi llamado no venía de Dios. Aunque estaban equivocados, Dios usó esa situación para enseñarme lo que significa ser verdaderamente exitoso y rechazar el miedo al fracaso.

Recuerda un dato que te revelará una verdad de Dios para tu vida, cuando Juan el Bautista tiene el privilegio de bautizar a Jesús en el río Jordán, ocurrieron varias cosas, los cielos se abrieron, el Espíritu Santo descendió sobre Cristo en forma de paloma. Y entonces, la voz de Dios Padre dijo: *"Tú eres mi Hijo amado; en ti tengo complacencia."* El término **"complacencia"** se refiere a un sentimiento de satisfacción, placer o agrado profundo hacia algo o alguien. Pero ¿había comenzado Cristo Su ministerio? **No.** Jesús no había sanado a nadie, ni resucitado muertos, ni hecho milagros. No había hecho nada que justificara esa afirmación del Padre, y aún así, Dios le dijo: *"Te amo. Eres el motivo de mi gozo."*

¿Lo ves? Cristo es amado, recibido por su padre, elogiado, y aún no ha iniciado su ministerio. Y es que, **Dios nos ha hecho únicos.** No tengo que demostrar nada. Simplemente soy el chico de los recados. No importa en qué ministerio esté, ni qué clase de economía tenga, nada que tenga que ver conmigo puede conducirme al éxito. **Mi éxito, y el tuyo, nos lo ha entregado ya el Señor.**

Antes de concluir este capítulo, quiero regalarte una perla invaluable para esos momentos de duda e incertidumbre. El libro de Job nos revela lecciones poderosas, y una de ellas ha dejado una huella profunda en mi corazón. Job atravesó pruebas extremadamente duras, enfrentó resultados devastadores siendo un hombre justo y además, recibió el juicio erróneo de sus amigos, quienes le dijeron que había fracasado. Pero déjame decirte algo: Job no estaba fracasando; estaba siendo llevado por Dios a un nivel de conocimiento mucho más profundo de su Creador. **Lo que para muchos podría parecer un fracaso, para Dios es una oportunidad de crecimiento y transformación.** Así que no temas al fracaso. Si en algún momento sientes que has fallado, confía en que Dios usará ese momento para enseñarte algo mucho más importante que un resultado exitoso.

"VERSÍCULO **DESTROZA TEMORES**"

SALMO 71:10-11

PORQUE *MIS ENEMIGOS* **HABLAN CONTRA MÍ;** LOS QUE ACECHAN MI ALMA CONSULTAN ENTRE SÍ, DICIENDO: **'DIOS LO HA DESAMPARADO;** *PERSEGUIDLO Y TOMADLO,* PORQUE **NO HAY QUIEN LO LIBRE.**

VERDAD:

EL ÉXITO EN CRISTO NO DEPENDE DE LO QUE OTROS DIGAN DE NOSOTROS, TAMPOCO DE NUESTRAS HABILIDADES, LOGROS O MÉRITOS. SE TRATA DE NUESTRA OBEDIENCIA Y DE SABER QUIÉNES SOMOS EN ÉL.

ACCIÓN:

SI TIENES MIEDO AL FRACASO, PON TU MIRADA EN CRISTO. NO TE ENFOQUES EN LO QUE EL MUNDO DICE, NI EN LAS CRÍTICAS, NI EN LAS DIFICULTADES. EL ÉXITO ES ESTAR EN CRISTO. SIGUE ADELANTE CON FE, PORQUE SI DIOS TE HA LLAMADO A UN CAMINO, NO IMPORTA CUÁN TORPE SEAS, ÉL TE LLEVARÁ A LA META.

Dios ya nos ha entregado la tierra prometida, y no la ha dado para fracasar, sino para bendecirnos y para que disfrutemos de lo que Él ha preparado para nosotros.

Así que, cuando lleguen los momentos difíciles, recuerda que lo que para algunos pueda ser un fracaso, para Dios es una oportunidad de ser promovido a un nivel más profundo de conocimiento de Él. ¡No le tengas miedo al fracaso! Porque si alguna vez caes, Dios te levantará, y Él se encargará de que seas una persona exitosa, según Su voluntad.

CAPÍTULO OCHO:
LOS DEMONIOS TAMBIÉN TIEMBLAN

Tenemos miedo porque fuimos concebidos en pecado. En el inicio, Dios nos diseñó perfectos, y en su plan original no estaba incluido que cargáramos con un pack de temores. **Pero aquí está la verdad que debemos entender: el miedo es una consecuencia de la caída, no el diseño original de Dios.**

Observa este mundo, mucho de lo que hoy vemos se mueve desde el temor. **¿De dónde provienen las guerras?** Por miedo a que otros sean más poderosos. **¿Por qué guardamos nuestro dinero en el banco?** Porque tenemos miedo a que alguien pueda robarnos o que, por causa de un incendio, perdamos todo lo que hemos ahorrado. **¿Por qué advertimos a nuestros hijos que jamás se les ocurra irse con un desconocido?** Porque tenemos miedo de que les pueda pasar algo malo.

Vivimos con miedo, corriendo detrás de algo que nos dé seguridad, pero debemos tener algo muy claro: EL TEMOR ANIQUILA LA LIBERTAD. Todos aquellos que nos denominamos cristianos creemos que **Cristo murió en una cruz para darnos libertad,** pero entonces, ¿por qué seguimos temiendo? **Porque fuimos concebidos en pecado,** pero hay una pregunta mucho más poderosa que debemos hacernos: **¿Qué debo hacer para dejar de vivir con miedos?**

La respuesta es sencilla, aunque desafiante: **debemos buscar y profundizar en las riquezas que se encuentran en el Señor.** Miremos atentamente lo que dice la Palabra:

Salmo 34:4: *"Busqué al Señor, y él me respondió; y me libró de todos mis temores."*

¿Sabías que los demonios también temen? ¡Sí! Y si alguna vez pensaste que el miedo solo es algo que nosotros experimentamos, prepárate para sorprenderte. Te contaré una historia basada en hechos verídicos, y quiero que te metas en la escena, **porque en esta historia no solo se habla de miedo, sino de un poder tan grande que los demonios tiemblan ante Él.**

En la ciudad de Gadara, existía un hombre que se había convertido en una leyenda en su comunidad, pero no por razones positivas. Su fama se extendía, pero no porque hiciera cosas buenas, **sino porque era conocido como un hombre fuera de control.** Durante años, su comportamiento fue todo menos normal.

¿Cómo? Paseaba desnudo por las calles, lo cual era una vergüenza pública, especialmente para los niños. Se decía que vivía entre los sepulcros, y su agresividad era tan grande que cuando intentaban atarlo con cadenas, las rompía sin esfuerzo. **Este hombre vivía una pesadilla constante, su sufrimiento era indescriptible, y el peor enemigo no era él, sino la legión de demonios que lo poseían.**

¿Quién podía detener esa locura? Nadie, hasta ese momento. **Pero todo eso cambió cuando Jesús entró en escena.** Ahí, **la historia da un giro arrollador.** Hay quienes creen que Satanás intimida, **pero permíteme corregirte: si alguien verdaderamente intimida, ese se llama JESÚS.**

Mira lo que ocurrió:

Lucas 8:28: *"Este, al ver a Jesús, lanzó un gran grito, y postrándose a sus pies exclamó a gran voz: '¿Qué tienes conmigo, Jesús, Hijo del Dios Altísimo? Te ruego que no me atormentes.'"*

Y en un pasaje paralelo en **Mateo 8:29**, dice: *"Y clamaron diciendo: ¿Qué tienes con nosotros, Jesús, Hijo de Dios? ¿Has venido acá para atormentarnos antes de tiempo?"*

Hasta ese momento, este hombre poseído no podía ser detenido por nadie. Nada ni nadie lo había intimidado. Pero ahora, **el dueño del trono, el gobernador de las naciones, el que hace que las columnas del cielo tiemblen,** ese mismo, ha llegado para terminar con el martirio de este pobre hombre. **Los demonios, que hasta ese instante no temían a nada ni a nadie, se postran ante Jesús, temblando. La voz de los demonios tiembla al estar frente al Rey de Reyes.**

La presencia de Jesús es tan poderosa que **su sola mirada hace temblar a los demonios.** ¡Y no solo eso! **Ellos saben lo que les espera.** El juicio ha llegado, y suplican misericordia. Los demonios, esos seres caídos, **que antes dominaban a este hombre, ahora suplican por su propia supervivencia.** El respiro de Cristo es tan aterrador que **ellos lo saben:** el tormento ha llegado. ¡Y no hay escape!

Jesús no será educado con ellos. Él tiene autoridad para hacer lo que quiera, y lo que hará es humillarlos de tal forma que **todos sabrán quién es Él. La escena se completa cuando Jesús manda a los demonios a entrar en los cerdos,** y segundos después, **los cerdos se despeñan y caen al lago, ahogados.**

¿Quién es capaz de atormentar a tus miedos? El mismo que **puso punto y final al sufrimiento de aquel hombre en Gadara. ¿Ves lo temible y feroz que puede llegar a ser nuestro Dios?**

Y aquí está lo más asombroso: **Esa ferocidad no está dirigida contra nosotros, sus hijos.** No es una amenaza para quienes le seguimos, ¡sino una garantía de que Él defenderá nuestras causas con un poder imparable! **¡Si Él es capaz de someter a los demonios, qué no será capaz de hacer por ti! ¡Él es tu defensor, tu protector y tu libertador!**

“VERSÍCULO **DESTROZA TEMORES**”

ISAÍAS 41:10

“NO TEMAS, PORQUE YO ESTOY CONTIGO; ***NO DESMAYES,*** PORQUE YO SOY TU DIOS QUE TE ESFUERZO; SIEMPRE TE AYUDARÉ, **SIEMPRE TE SUSTENTARÉ CON** LA DIESTRA *DE MI JUSTICIA.*”

VERDAD:

CUANDO NOS SENTIMOS ABRUMADOS POR EL MIEDO, DEBEMOS RECORDAR QUE EL TEMOR ES LA ESTRATEGIA DEL ENEMIGO PARA ROBARNOS LA PAZ Y LA LIBERTAD QUE CRISTO NOS DIO. DIOS ESTÁ CON NOSOTROS, NO ESTAMOS SOLOS. ÉL NOS FORTALECE Y NOS AYUDA A VENCER CUALQUIER TEMOR.

ACCIÓN:

DEJAMOS DE TEMER CUANDO BUSCAMOS AL SEÑOR. NO IMPORTA LA MAGNITUD DE NUESTRAS BATALLAS, SI BUSCAMOS A DIOS, ÉL ES QUIEN ACTÚA A NUESTRO FAVOR. CUANDO TE ENFRENTES AL TEMOR, RECUERDA QUE EN EL MOMENTO EN QUE INVOCAS A JESÚS, LOS DEMONIOS TIEMBLAN. NO HAY PODER EN EL INFIERNO QUE PUEDA RESISTIR LA AUTORIDAD DE CRISTO EN TU VIDA. ¡BUSCA A DIOS, Y TUS MIEDOS SE DISOLVERÁN ANTE SU PRESENCIA!

CAPÍTULO NUEVE:

LA FÁBRICA DE ÍDOLOS

Imagina por un momento un escenario tranquilo. Estás en tu hogar, disfrutando de un día soleado, rodeado de calma y serenidad. Frente a ti, sobre una mesa, hay un vaso con agua, mientras, lees un libro que te invita a reflexionar profundamente. Estás inmerso en las ideas que has estado leyendo, pero decides dejarlo abierto, sabiendo que volverás a él más tarde. No esperabas lo que está a punto de suceder.

De repente, alguien pasa por tu lado y, sin querer, golpea el vaso. El agua se derrama y empapa el libro. Observas el desastre con indignación. En un abrir y cerrar de ojos, la paz que tenías se desmorona por completo. Te preguntas: **¿Qué fue lo que realmente causó que el libro se mojara?**

Es posible que al principio pienses que el golpe fue lo que provocó que el agua se derramara. Pero, en realidad, el libro se empapó porque ya había agua en el vaso. Si el vaso hubiese estado vacío, el golpe no habría hecho ningún daño. El verdadero culpable fue el contenido que ya estaba dentro.

De manera similar, la ansiedad no se genera por un golpe aislado o un evento repentino. La ansiedad explota porque, dentro de nosotros, ya ha habido una acumulación de emociones no procesadas: miedos, frustraciones, heridas no sanadas, y preocupaciones no liberadas. Cada pequeña tensión diaria, cada pensamiento negativo, cada emoción reprimida, es como una gota más que llena ese vaso interno. Y en el momento menos esperado, algo aparentemente trivial — una palabra, una mirada, un mal día— es el golpe que hace que todo se derrame.

La ansiedad no surge de la nada. Se forma a lo largo del tiempo, por todo lo que hemos acumulado sin procesar. En realidad, somos responsables de lo que cargamos dentro de nosotros.

El corazón es una fábrica de ídolos

El corazón, según la Escritura, es una fábrica de ídolos. ¿Qué es un ídolo? Algo que, al principio, parece darnos vida, pero al final nos destruye. Muchas veces, la raíz de nuestra ansiedad no son solo las circunstancias externas, sino el hecho de que hemos dejado que ídolos —temores, preocupaciones, obsesiones— llenen nuestro vaso interior. Nos aterrorizan las amenazas externas, la falta de provisión, una posible enfermedad, y olvidamos que el único ser que tiene control sobre todo lo visible e invisible es Dios.

Imagina tu vida como ese vaso de agua. El estrés y la ansiedad no surgen únicamente por los golpes de la vida, sino por todo lo que llevamos dentro: todo lo que no hemos procesado ni entregado. ¿Qué pasaría si decidimos vaciar ese vaso de todo lo que nos agobia? ¿Cómo cambiaría nuestra vida?

La vida en Dios es justamente esa oportunidad de vaciar el vaso a diario, entregando nuestras preocupaciones, miedos y ansiedades, y permitiendo que Él lo llene de paz, sabiduría y descanso.

Los ídolos y su poder sobre nosotros

Los ídolos tienen poder. Cuando permitimos que los ídolos gobiernen nuestras vidas, les estamos dando autoridad para dominar nuestros pensamientos y acciones. Pero, ¿por qué crees que Dios nos ordenó no tener ídolos? No es porque tenga una autoestima baja, sino porque sabe que los ídolos controlan nuestra voluntad, nos desvían del camino correcto y nos llenan de ansiedad.

Lo cierto es que los ídolos no se convierten en tal por accidente. Nosotros, con nuestras decisiones, los hemos creado. Cuando acumulamos ídolos, permitimos que se apoderen de nosotros, y lo que era para darnos satisfacción termina atormentándonos.

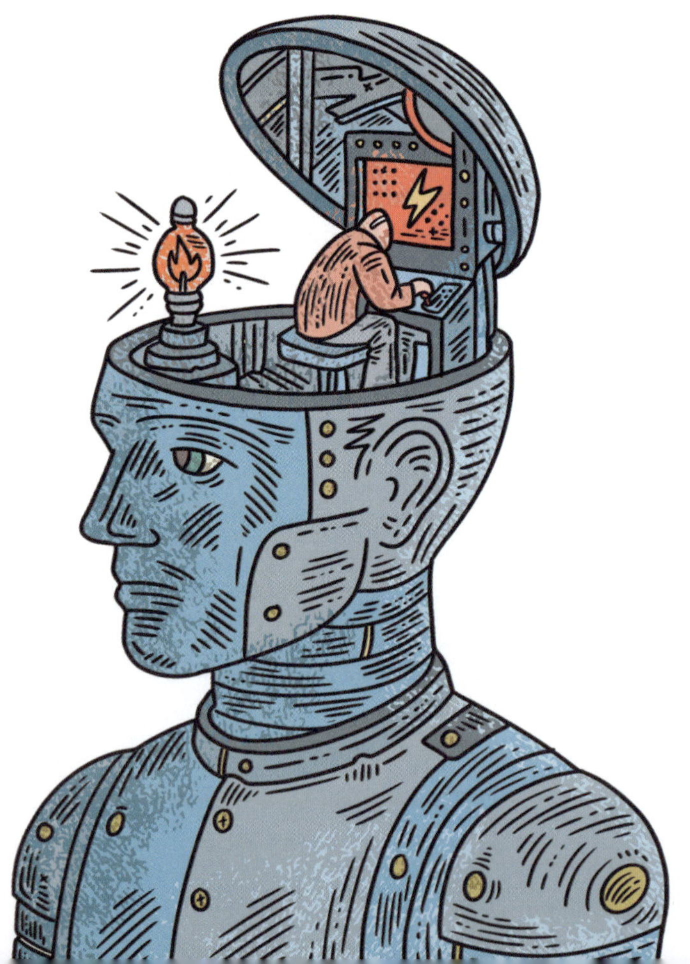

La carga que arrastramos

Jesús nos invita a venir a Él y entregarle nuestras cargas. En Mateo 11:28-30, dice: "Vengan a mí todos los que están trabajados y cargados, y yo les daré descanso". ¿Quién no ha estado trabajado y cargado en algún momento de su vida? Me encantaría decirte que mi vida siempre ha estado llena de paz, pero no es así. El problema no está en la carga misma, sino en lo que sucede cuando no la soltamos.

Imagina a un albañil que, después de un largo día de trabajo, no deja el saco de cemento en el lugar adecuado, sino que lo lleva a casa. Al entrar, pone el saco en su hombro, decide preparar la cena, se ducha, incluso se acuesta a dormir... pero el saco de cemento sigue allí, con él. ¿Te imaginas? Su cuerpo se resiente, sus músculos se tensan, y no se da cuenta de cómo lo está perjudicando. Pero esto es lo que hacemos muchas veces: nos acostumbramos a cargar, pero no a soltar.

¿Qué estamos arrastrando?

¿Alguna vez te has detenido a pensar si esa carga que arrastras podría ser en realidad un ídolo? El corazón, como te mencioné, es una fábrica de ídolos, y continuamente busca algo que lo llene. Si Cristo no es el Señor de nuestra vida, buscamos sustitutos que, aunque temporales, terminan vaciándonos por dentro.

Cuando vivimos en Dios, descubrimos que no necesitamos cargar todo por nuestra cuenta. A través de la oración, la meditación en Su palabra y la comunión con Él, podemos vaciar ese vaso de las tensiones, miedos y cargas que llevamos. En lugar de llenarnos con ansiedad, nos llenamos de Su presencia, de Su paz que sobrepasa todo entendimiento, y de la certeza de que Él está en control, incluso cuando las circunstancias parecen fuera de control.

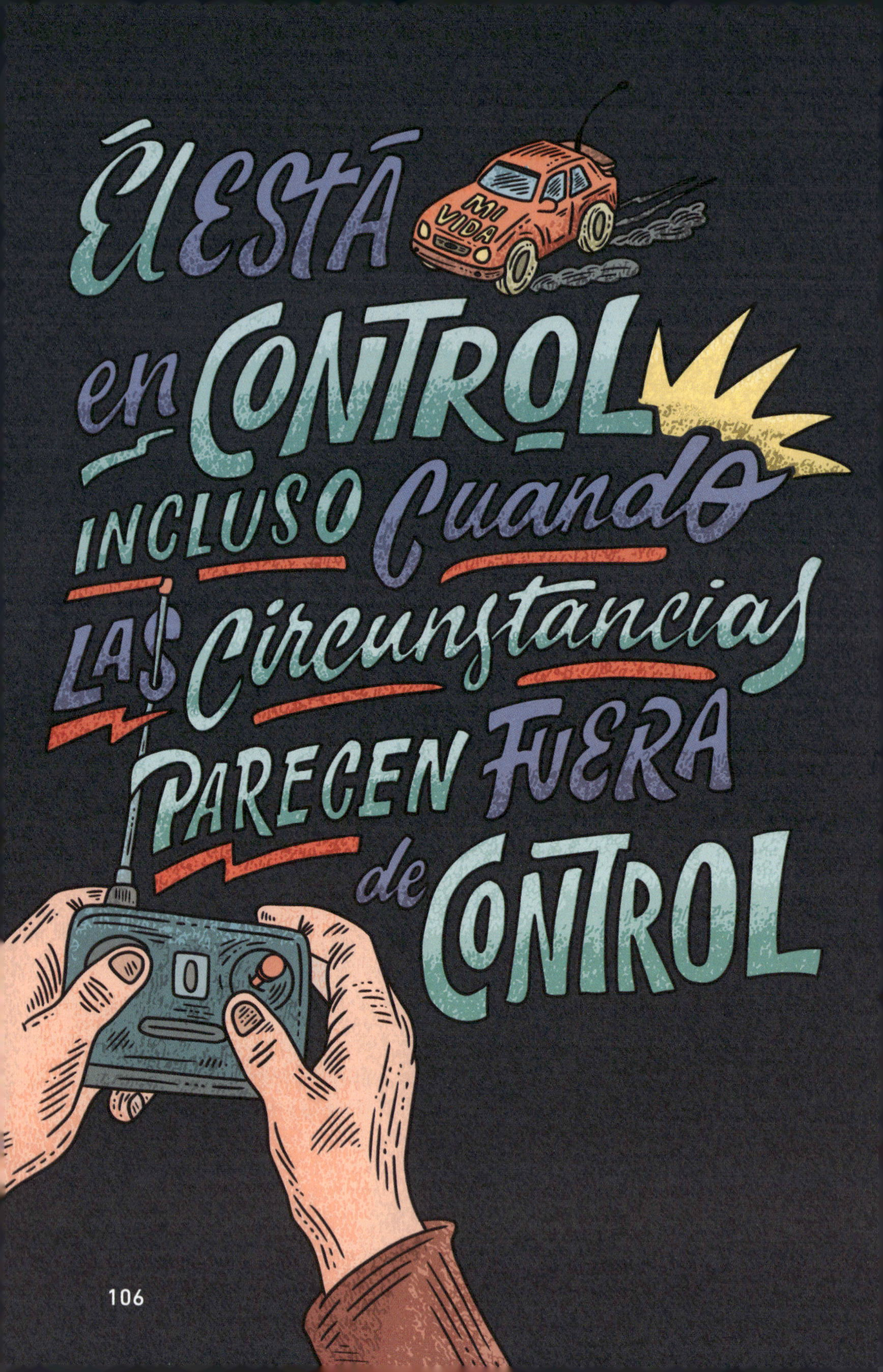

Él está en control incluso cuando las circunstancias parecen fuera de control

Una ilustración más

Para ilustrar esto, imagina que te sientas en una silla con una mochila sobre tu espalda, llena de piedras grandes. Al principio, te levantas con cierta facilidad, pero, a medida que el tiempo pasa, el peso se vuelve cada vez más insoportable. Tus rodillas empiezan a ceder, tus piernas tiemblan, y te sientes agotado. Al principio, no parece tan pesado, pero con el tiempo, el peso de tus miedos, dudas y preocupaciones te va desgastando. Cada piedra que agregas es una carga más, y cuando te das cuenta de lo que sucede, ya no puedes más. Eso es lo que el miedo hace: convierte en insoportable lo que antes era tolerable, hasta dejarte completamente agotado.

Quizás, desde hace mucho tiempo, has estado arrastrando miedos, preocupaciones o ansiedades que te están debilitando. ¿Qué miedos estás cargando hoy? La única manera de liberarnos de esa carga es vaciar nuestra mochila de todo lo que nos pesa.

La vida en Dios: el flujo constante

La vida en Dios es como un flujo constante que limpia nuestro vaso interior. Cada vez que venimos a Él con nuestras cargas, miedos y frustraciones, Él nos da la capacidad de vaciar esas tensiones y reemplazarlas con esperanza, fortaleza y confianza. Así, en lugar de permitir que el vaso se desborde de ansiedad, tenemos un lugar seguro donde constantemente podemos vaciarlo y permitir que Él lo llene con paz.

Vivir en Dios es la clave para vaciar nuestro vaso interno y permitir que lo que se derrame de nosotros no sea ansiedad, sino la paz y seguridad que provienen de saber que, aunque el mundo se agite a nuestro alrededor, en Él siempre encontraremos descanso.

“VERSÍCULO **DESTROZA TEMORES**”

(**1 PEDRO** 5:7)

“*ECHANDO* TODA **VUESTRA ANSIEDAD** SOBRE **ÉL,** PORQUE ÉL **TIENE CUIDADO** DE *VOSOTROS.*”

VERDAD:

LA VIDA EN DIOS NO SIGNIFICA ESTAR EXENTOS DE DIFICULTADES, PERO SÍ NOS DA LA CERTEZA DE QUE PODEMOS ENFRENTAR CADA DESAFÍO CON UN VASO VACÍO DE ANGUSTIA, PERO LLENO DE SU PAZ Y PODER. AL VIVIR EN SU PRESENCIA, NUESTRO VASO SE VACÍA DEL TEMOR Y LA ANSIEDAD, Y SE LLENA CON LO QUE REALMENTE IMPORTA: LA CONFIANZA EN SU SOBERANÍA, SU AMOR INCONDICIONAL Y SU PAZ QUE NOS FORTALECE.

ACCIÓN:

ES TIEMPO DE DEJAR LOS SACOS EMOCIONALES EN LA PRESENCIA DE DIOS. TOMA UN ESPACIO DONDE PUEDAS VACIAR TODO LO QUE TE AGOBIA Y PERMITE QUE ÉL LO LLENE DE LO QUE REALMENTE IMPORTA.

CAPÍTULO DIEZ:

EGOLANDIA - LA CIUDAD DEL EGO

MIS PENSAMIENTOS
MIS LOGROS
YO
Egolandia
MÍRAME YO PRIMERO
EGO

Cuando una persona tiene el ego excesivamente elevado, ocurre algo bastante fascinante: aunque parece estar completamente segura de sí misma, en realidad está luchando con muchos temores internos. Por esta razón, siente la necesidad de proyectar una imagen de tener todo bajo control. El sentimiento de inferioridad se disfraza de una aparente seguridad. ¿No es algo contradictorio? Existe un dicho muy conocido que dice: "Dime de lo que presumes y te diré de lo que careces", y es completamente cierto. **Aquellos que realmente tienen algo valioso no necesitan hacer alarde de ello; su presencia misma lo hace evidente.**

Nos enfrentamos constantemente al deseo de tener todo bajo control, un impulso que surge de no querer mostrarnos vulnerables. No queremos que se vean nuestros puntos débiles, y la baja autoestima afecta profundamente nuestra identidad. La inseguridad alimenta esta necesidad de control, creando una lucha interna para mantener una imagen que necesitamos proyectar de nosotros mismos.

Sin embargo, lo que Cristo anhela es sacarnos de esa falsa zona de seguridad que nosotros mismos hemos creado, para mostrarnos que solo en Su presencia podemos hallar verdadera paz y ser quienes realmente somos.

El ego no nos permite mostrarnos como realmente somos: personas vulnerables, con imperfecciones, y a menudo atrapadas entre la duda y la confianza.... no quiero que suene a pesimismo y, ¡¡¡ claro que estamos siendo regenerados por la obra del Espíritu Santo en nosotros !!! pero hay una realidad que no podemos perder de vista y es que estamos bajo la influencia de un mundo caído por el pecado y eso nos debe llevar a la siguiente conclusión: **jamás podremos tener nada bajo control, solo Dios es soberano y Él lo controla todo.**

Cuando perdemos el control, solemos entrar en pánico, convencidos de que todo se desmoronará y que las oportunidades que tanto esperamos se desvanecerán. Pero la realidad no funciona así. Permíteme que te muestre lo que realmente sucede a través de esta historia...

En Mateo 14:22-33, después de alimentar a la multitud con cinco panes y dos peces, Jesús manda a sus discípulos que suban a la barca y crucen al otro lado del lago, mientras Él se queda a orar. Durante la noche, una tormenta violenta se desata, y los discípulos luchan contra las olas, asustados y temerosos por la fuerza del viento.

A lo lejos, ven una figura que se acerca caminando sobre el agua, y en su miedo, piensan que es un fantasma. Atónitos, gritan de terror. Jesús, al ver su miedo, les habla y les dice: "¡Ánimo! Soy yo, no teman."

Pedro, lleno de valentía, le responde: "Señor, si eres tú, manda que yo vaya a ti sobre el agua." Jesús le dice claramente: "VEN."

Pedro, entonces, baja de la barca y empieza a caminar sobre el agua hacia Jesús. Sin embargo, al ver el viento fuerte, se llena de miedo y comienza a hundirse. Grita: "¡Señor, sálvame!" Jesús inmediatamente extiende su mano, lo toma y le dice: "Hombre de poca fe, ¿por qué dudaste?" Juntos suben a la barca, y en ese momento, el viento se calma.

Los discípulos, asombrados, se postran ante Jesús y lo adoran, diciendo: "Verdaderamente eres el Hijo de Dios."

Diferentes miedos experimentaron en esta escena, miedo a la tormenta que desató la furia del mar, el terror absoluto al pensar que un fantasma se les acercaba, y el pánico visceral que le invade a Pedro al ver la fuerza del viento . Esos fueron los ingredientes principales en este texto. No sé si te has dado cuenta, pero los discípulos no eran superhéroes, estaban expuestos a las mismas emociones que nosotros. No estaban exentos de miedo, no estaban inmunizados a la incertidumbre. **Cuando perdemos el control y no estamos firmemente anclados en Cristo, se desata una tormenta de temores en nuestras vidas.** Sin Él, todo se vuelve caótico, incontrolable. El miedo se apodera de nosotros, y las olas de ansiedad comienzan a tragarnos. Pero cuando estamos afirmados en Él, todo cambia.

Atención, porque voy a desafiar algunas de las enseñanzas que quizás hayas escuchado sobre este pasaje bíblico. Sin intención de ofender, pero es importante aclararlo: ¡Pedro JAMÁS caminó sobre las aguas! ¿Cómo es esto posible? Tal como lo lees. Nadie, en su sano juicio, puede caminar sobre el agua; eso es imposible. ¿Alguna vez lo has intentado tú? ¿Conoces a alguien que haya caminado sobre las aguas? ¡Es algo completamente imposible! Entonces, ¿qué sucedió realmente? Pedro no caminó sobre las aguas, **Pedro realmente caminó sobre una palabra. ¡¡¡ VEN !!!**

Mateo 14:28-29

28 Entonces le respondió Pedro, y dijo: Señor, si eres tú, manda
que yo vaya a ti sobre las aguas.

29 Y él dijo: **VEN.** Y descendiendo Pedro de la barca, andaba
sobre las aguas para ir a Jesús.

Pedro no caminó sobre las aguas, Pedro caminó sobre una Palabra de Dios. La orden fue clara: "VEN". Al obedecer esa palabra, Pedro no solo desafió la gravedad, sino que anduvo en la autoridad de Cristo. ¿Lo ves? **No es lo mismo caminar bajo la convicción de que Dios te ha dado una promesa, que caminar en lo ilógico.** Nadie, en su sano juicio, se lanzaría a caminar sobre las aguas, a menos que Cristo dijera VEN. La diferencia está en la fuerza de la palabra de Jesús, que transforma lo imposible en posible, lo irracional en algo real.

Cuando caminamos sobre una **PALABRA DE DIOS**, nuestros miedos se disipan, a menos que decidamos enfocarnos en los vientos fuertes que inevitablemente vendrán. **¡Escúchame bien!** Debes estar preparado para vientos intensos cuando caminas bajo la dirección de una palabra que Dios te ha dado. Si no hay vientos, es probable que no haya palabra de Dios en absoluto.

Muchos me dicen: "Desde que comencé a obedecer a Dios, parece que Él no está, porque todo en mi vida se está desmoronando". ¡Y te voy a decir algo muy claro! **Cuando Dios está presente, cuando caminas en base a la obediencia a Dios, lo NORMAL es que los vientos se desaten.** Esos ataques no son más que intentos del enemigo para desenfocar tu mirada de la presencia de Jesús. Y quiero ser rotundo en esto: ¡DEBES ANIMARTE POR LO QUE VES A TRAVÉS DE LA FE, NO POR LO QUE VES A TRAVÉS DE TUS CIRCUNSTANCIAS!

La vida de fe no está conectada a las mejores circunstancias. **¡Suele ser todo lo contrario!** Alguien que vive por fe está acostumbrado a luchar contra los vientos y las tormentas. Es más, hay muchos apasionados **de la fe** que, si no vemos tormentas o vientos contrarios, nos desesperamos, porque sabemos que solo a través de las tempestades llegan las grandes victorias.

¡Las grandes batallas son las que forjan a los grandes vencedores! Por eso Jesús te dice en el día de hoy: **¡NO TEMAS!**

Deja que sea Dios quien tome control de tu vida, no quieras tener el control de las cosas porque jamás lograremos tener el control de nada. El ego grita "quiero todo bajo control", pero la humildad susurra: **"En Dios está puesta mi seguridad y confianza, en Él descanso."**

"VERSÍCULO **DESTROZA TEMORES**"

JEREMÍAS 10:23

"CONOZCO, OH JEHOVÁ, QUE ***EL HOMBRE NO ES SEÑOR DE SU CAMINO***, NI DEL HOMBRE QUE **CAMINA** ES EL ORDENAR **SUS PASOS.**"

VERDAD:

ES INÚTIL INTENTAR TOMAR EL CONTROL ABSOLUTO DE NUESTRAS VIDAS, PORQUE DIOS ES QUIEN DIRIGE NUESTROS PASOS Y, AL ENTREGARLE NUESTRAS PREOCUPACIONES Y CONFIAR EN ÉL, ENCONTRAMOS PAZ Y PROPÓSITO.

ACCIÓN:

¿QUÉ ÁREAS O SITUACIONES DE TU VIDA NECESITAS SOLTAR PARA QUE DIOS TOME EL CONTROL TOTAL? EL EGO TE EMPUJA A QUE TOMES TÚ LAS RIENDAS DE LA VIDA, LA HUMILDAD TE LLEVA A DEJARLO TODO BAJO EL CONTROL DE DIOS.

CAPÍTULO ONCE:
ATRAPADOS EN EL AYER

Cuando los síntomas de ansiedad y los ataques de pánico comenzaron a invadir mi vida, me vi obligado a buscar ayuda. En ese momento, llevaba varios años liderando como pastor, y justo después de que comenzara a sentirme abrumado, me diagnosticaron depresión. Fue entonces cuando decidí comenzar sesiones con una terapeuta cristiana que, con su apoyo, me ayudó a aprender a manejar los oscuros vientos que me azotaban.

Uno de los mayores regalos que me otorgó ese proceso fue la oportunidad de escribir, día tras día, registrando cada paso de mi viaje hacia la sanidad interior. Aún conservo aquellos cuadernos, silenciosos testigos de mi lucha, donde algunos párrafos se sienten como un desafío imposible de leer. Porque, mientras las palabras fluían, las lágrimas de dolor caían y la tinta se manchaba, dejando un rastro visible de un sufrimiento profundo. Sin embargo, a través de ese dolor, aprendí lecciones que me marcaron para siempre. Gracias a esos escritos el libro que ahora tienes en tus manos, ya sea en formato físico o digital *El Atormentador de Tormentas* no ha perdido su esencia. Somos muy dados a olvidar, sin embargo cuando uno escribe deja registro de todo lo que realmente es importante.

Al mirar hacia atrás, no puedo evitar sonreír y darle gracias a Dios, porque Él me sacó de esa tormenta. Pero al mismo tiempo, reconozco que si Él me permitió atravesarla, fue para enseñarme cosas fundamentales y, sobre todo, para darme el valor de tomar decisiones trascendentales. En medio de todo eso, sale a luz un temor profundo y oculto: *"Tengo miedo a cerrar etapas."*

Hay un dicho muy conocido que dice: "Nunca quemes puentes". Pero hoy quiero desafiar esa idea, porque a veces, **quemar puentes** no solo es necesario, sino **sabio.** ¿Deberíamos soportar el maltrato solo porque es importante no quemar puentes? **¡Para nada!** Hay momentos en la vida en los que **cerrar etapas** se convierte en un acto de valentía, y esa fue mi experiencia.

Por miedo a las reacciones que pudiera provocar, me aferré al pasado. Mis pies anhelaban avanzar hacia algo nuevo, mi corazón se llenaba de esperanza porque sabía que estaba viviendo una temporada diferente, pero mi mente seguía prisionera del ayer. El verdadero problema no era mi pasado, sino la **esperanza ilusoria** de que las personas que me habían agredido de alguna forma cambiarían, que todo podría volver a ser como antes. Sin embargo, el tiempo pasó, ellos siguieron con sus vidas, y yo me di cuenta de que no había **ningún interés genuino** de su parte en cambiar. Yo seguía aferrado a una restauración que no llegaba, haciendo gestos desesperados para intentar reconstruir lo que ya no era posible. Y no se trataba de mi esposa, de mi hijo o de mi familia; en este caso, se trataba de **compañeros de ministerio,** personas que, a pesar de compartir el mismo llamado, habían sido tóxicas y destructivas.

¿Sabes por qué me daba miedo cerrar etapas? Porque sentía **culpa.** Sabía lo que era ser rechazado, porque precisamente ellos me lo hicieron a mí. No quería hacerles lo mismo a otros, no quería que sintieran lo que yo había sentido al ser excluido y despreciado. Pero la verdad es que ese círculo de relaciones **me restaba**, me desgastaba, me **dividía** las fuerzas. Incluso el solo hecho de pensar en ellos me provocaba una sensación de **naúseas**—y no lo digo de forma despectiva, sino porque el trato que recibí de ellos no era **normal**, mucho menos viniendo de personas que deberían haber dado el ejemplo, ocupando posiciones dentro de la iglesia del Señor.

Había demasiadas **vinculaciones emocionales, laborales y ministeriales** que me mantenían atado, y lo más aterrador era el miedo de que, si cerraba esas etapas, se volverían contra mí, **me atacarían** nuevamente, y no quería más sacudidas. Ese miedo me mantenía en un estado de parálisis, postergando la decisión que necesitaba tomar con urgencia: **cerrar esas puertas, quemar esos puentes, y avanzar hacia un futuro que no me dividiera más.**

Lo que acabas de leer puede sonar con resentimiento, pero no es así. Cuando comencé a pensar en cerrar etapas, Dios me habló acerca de mirarlos con misericordia, porque la gente está herida y, en muchas ocasiones, responden según pensamientos que se han forjado en ellos por traumas vividos. Eso te ayuda a posicionarte. No puedo justificar el pecado, pero sí puedo tener misericordia. La misericordia no es permitir que te golpeen como si fueras un saco de boxeo, la misericordia **es reconocer la humanidad en el otro,** entender que sus heridas no te definen a ti, ni te hacen prisionero de su dolor. La misericordia **es soltar el rencor,** liberarte del peso del pasado, y aunque no aceptes su comportamiento, ser capaz de **bendecir a aquellos que te han herido,** porque sabes que la verdadera libertad no llega cuando guardas rencor, sino cuando eliges caminar en perdón, liberándote del ciclo de dolor y avance hacia tu propósito.

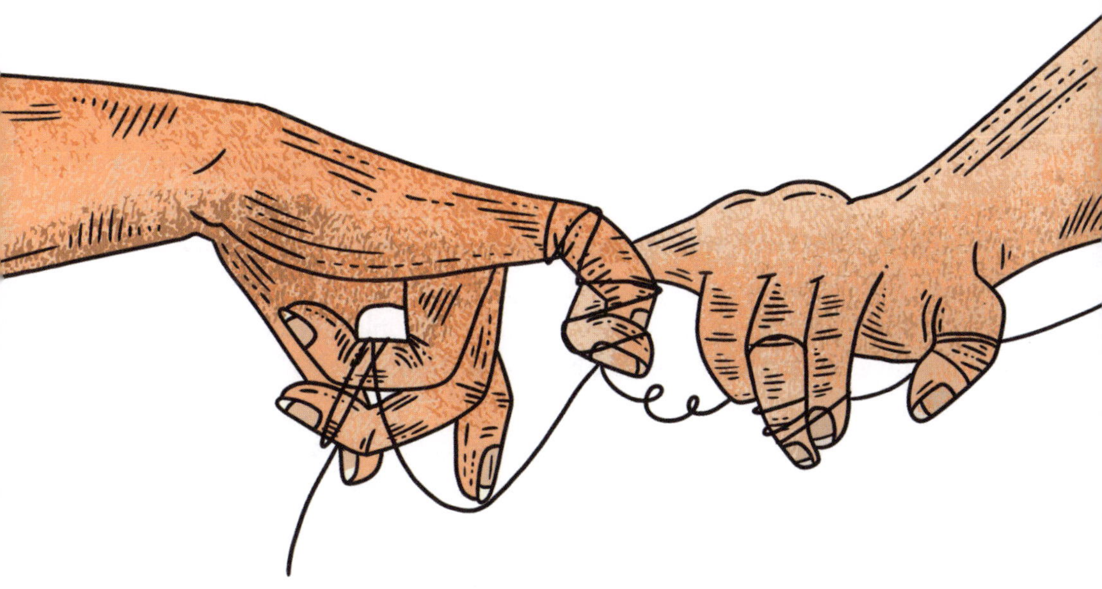

Una forma poderosa de cerrar etapas o quemar puentes es establecer en tu mente este pensamiento: " **NO ESTOY RECHAZÁNDOLOS , ESTOY PROTEGIÉNDOME."** Si te resistes a cerrar etapas, te estás maltratando a ti mismo. Estás repitiendo el mismo patrón que ellos han tenido contigo. No podemos sanar en el mismo lugar donde nos hirieron, porque **el dolor sigue siendo el mismo y las actitudes seguirán siendo las mismas.** Es necesario moverse de ese lugar, rápido, para poder descansar y permitirte la sanidad que necesitas. Si sigues allí, no tendrás espacio para sanar.

Puedes estar sacrificando tu vida por personas que no te ayudan, o peor aún, por personas que desean verte caer. **Cristo mostró misericordia,** pero también tuvo la sabiduría de retirarse cuando sabía que su vida estaba en peligro o cuando percibió que no era bienvenido y esto no quiere decir para nada que hubiera rencor en el corazón de Jesús.

En **Mateo 12:14-15** leemos: *"Pero los fariseos, al salir, se confabularon contra Él para destruirlo. Al saberlo, Jesús se apartó de allí; y le siguió gran multitud, y sanó a todos los enfermos."*

Jesús no permaneció donde sabía que lo querían destruir, sino que se retiró estratégicamente. De la misma forma, **tú tampoco debes quedarte en un lugar donde constantemente puedes ser herido y maltratado.** No tienes que ser amigo de todos, ni compartir tu mesa con aquellos que no te valoran. **Si no te alejas de ese círculo, ellos acabarán contigo.**

En **Mateo 7:6**, Jesús nos dice: **"No deis lo santo a los perros, ni echéis vuestras perlas delante de los cerdos, no sea que las pisoteen con sus pies, y se vuelvan y os desgarren."**

El consejo de Cristo es claro: **no pongas lo que es valioso en manos de aquellos que no lo aprecian.** Un cerdo no sabe el valor de una perla. Él valora el fango, la suciedad, y por su naturaleza, **no puede ver la belleza ni el valor de lo que tiene entre sus manos.** De igual manera, hay personas que, debido a su naturaleza de pecado o su inseguridad, no pueden reconocer el valor que Dios ha puesto en ti. Y lo peor de darles tus perlas es que, según el texto, **eventualmente esas mismas personas se volverán contra ti** y te desgarrarán. En otra versión dice que **te pisotearán y acabarán contigo.**

¿Sabes por qué aún te sientes atrapado en el pasado? Porque has dado tus perlas a personas que no las valoran. Ellos han tomado ventaja de tu generosidad y, con el tiempo, se han vuelto contra ti, **pisoteándote** y desgarrándote en el proceso. Por eso es hora de reconocer **tu valor y protegerte** de aquellos que solo buscan destruir lo que Dios ha puesto en ti.

Si no te alejas de esas personas, puedes estar poniendo en riesgo mucho más que tus relaciones; **puedes estar comprometiendo los sueños y las promesas que Dios ha destinado para tu vida.** Incluso tu propia salud emocional y espiritual puede verse gravemente afectada. **Es vital que tomes conciencia de esto y dejes de negociar tu paz y tu propósito solo para agradar a todos.** Hay momentos en los que es necesario poner un alto y reconocer que **no todo el mundo tiene buenas intenciones.**

Es crucial rodearte de personas que te impulsen a crecer, que te apoyen en tu llamado. Pero, **llega un punto en el que también necesitas identificar a quienes te están persiguiendo, no para hacerte daño necesariamente, sino para frenarte, para detener tu avance.** Si no estás siendo perseguido de alguna forma, es posible que no estés viviendo a la altura de los planes asombrosos que Dios tiene para ti. Porque cuando estás haciendo algo **realmente significativo,** inevitablemente encontrarás a aquellos que no quieren verte prosperar.

No temas tener a algunos como "perseguidores", porque esto es un reflejo de que estás haciendo algo **importante y trascendental,** algo que genera impacto. Es hora de ser valiente y reconocer que, en tu camino hacia el cumplimiento de tu propósito, algunos te perseguirán, pero **eso solo confirma que estás en la dirección correcta.**

“VERSÍCULO **DESTROZA TEMORES**”

SALMO 101:4

APARTA DE **MÍ** EL HOMBRE PERVERSO, Y *EL MALVADO* NO **SE ACERCARÁ A MÍ**.

VERDAD:

ESTE VERSÍCULO NOS MUESTRA LA IMPORTANCIA DE ESTABLECER LÍMITES CLAROS CUANDO LAS RELACIONES SE VUELVEN DESTRUCTIVAS. EL SALMISTA EXPRESA SU DESEO DE APARTARSE DE AQUELLOS QUE TIENEN MALAS INTENCIONES, AQUELLOS QUE ACTÚAN CON PERVERSIDAD. AL IGUAL QUE EL SALMISTA, DIOS NOS LLAMA A PROTEGER NUESTRO ENTORNO, NUESTRAS EMOCIONES Y NUESTRO BIENESTAR. NO ES PECADO DISTANCIARSE DE QUIENES NOS ARRASTRAN HACIA EL PECADO O EL DOLOR, SINO UNA MUESTRA DE SABIDURÍA PARA PRESERVAR LO QUE DIOS HA PUESTO EN NOSOTROS.

ACCIÓN:

SI TIENES PERSONAS A TU ALREDEDOR QUE CONSTANTEMENTE TE HACEN DAÑO, QUE TE DESESTABILIZAN EMOCIONALMENTE O QUE TE ARRASTRAN A SITUACIONES TÓXICAS, ES HORA DE HACER LO QUE EL SALMISTA HIZO: APARTARTE. EL MIEDO DE CORTAR RELACIONES MUCHAS VECES VIENE DE LA CULPA O EL TEMOR AL RECHAZO, PERO DIOS TE DA LA LIBERTAD DE PROTEGERTE. NO TIENES QUE QUEDARTE EN UN AMBIENTE DONDE EL MALTRATO Y LA MANIPULACIÓN SON CONSTANTES. RECUERDA, TU PAZ Y BIENESTAR SON MÁS IMPORTANTES QUE LA ACEPTACIÓN DE AQUELLOS QUE NO RESPETAN TUS LÍMITES. NO TENGAS MIEDO DE ALEJARTE; DE HECHO, ES UN ACTO DE OBEDIENCIA Y SABIDURÍA. AL PONER DISTANCIA ENTRE TÚ Y EL MAL, ESTÁS ELIGIENDO CAMINAR EN LA DIRECCIÓN CORRECTA PARA TU SANIDAD Y TU PROPÓSITO EN CRISTO.

CAPÍTULO DOCE:
CUANDO LA
TIERRA QUEMA

La imagen que tenemos del desierto está impregnada de connotaciones negativas, asociándose generalmente con un lugar árido e inhóspito. En este vasto escenario, la idea de disfrutar de una fiesta o deleitarse con un festín parece completamente ajena. No se presencian bodas ni celebraciones de cumpleaños en el desierto, tampoco se celebran quinceañeras o eventos similares en estos espacios desolados. El ambiente es todo lo contrario al confort; durante el día, las temperaturas abrasadoras hacen que el descanso sea imposible, y cuando cae la noche, el frío extremo invade el paisaje, creando un contraste brutal e insoportable. En el desierto, **no hay clima que invite al reposo,** ni la brisa suave que refresque, ni la sombra que proteja. **Además, la escasez de agua es una amenaza constante,** lo que puede llevar a la deshidratación en cuestión de horas, transformando cada paso en una ardua lucha por sobrevivir.

Y sin embargo, **la primera escena de Jesús antes de comenzar su ministerio en la tierra lo muestra siendo llevado al desierto.** ¿Qué será lo que hay en el desierto que tanto nos asusta? ¿Qué lecciones esconde en su vastedad árida, más allá del sufrimiento y la soledad?

Nuestro corazón palpita como la aguja del segundero de un reloj. Imagina un reloj tan grande como nunca hayas visto, tan inmenso que abarca todo a tu alrededor. En ese reloj, el segundero avanza con rapidez, marcando el paso imparable de los segundos; la aguja de los minutos se mueve con un ritmo más pausado, y las horas se deslizan aún más lentamente. Y ahí estás tú, sentado dentro de ese reloj, observando los diferentes tiempos que se despliegan ante ti. Puedes ver cómo los segundos se escurren con velocidad, mientras las horas parecen arrastrarse, como si el tiempo se alargara sin fin. **La única verdad inquebrantable es que el tiempo sigue avanzando,** no importa cuán despacio o rápido se mueva. Esta visión nos recuerda lo que nos dice el libro de Eclesiastés, debajo de esta tierra, **todo tiene su tiempo,** y en ese "todo tiempo" está incluido entrar en el desierto, que se traduce en esos momentos de sequedad y espera que parecen interminables. El tiempo, aunque imperceptible a veces, nunca se detiene, y cada estación, incluso la del desierto, tiene su propósito en el gran reloj de la vida.

Así es, si Dios ha determinado un tiempo de desierto en nuestros corazones, **¿por qué deberíamos huir de esa etapa? O ¿Por qué deberíamos de aterrarnos si está dentro de sus planes?** ¿No sería más sabio cambiar nuestra actitud, aceptarlo y, en lugar de maldecir esa estación de la vida, aprender de ella? He llegado a la conclusión de que **hay lecciones que solo se aprenden en los desiertos.** Si no atravesamos esa experiencia, no podremos avanzar hacia la siguiente etapa de nuestra vida. **Los desiertos, aunque difíciles y dolorosos, tienen algo que enseñarnos,** algo que nos prepara para lo que está por venir.

En mi primer libro llamado "Directo al Corazón", uno de los capítulos lo titulé "El Desierto", y en él, hago un especial énfasis en el propósito de Dios en medio del desierto porque para nada es casual.

Lucas 4:1 – Jesús, lleno del Espíritu Santo, volvió del Jordán, y fue llevado por el Espíritu al desierto.

La primera observación de este versículo que me parece fascinante es que **Jesús no actuó por su propia voluntad de ir al desierto,** sino que fue llevado por el Espíritu Santo. **¿Por qué?** ¿Realmente es necesario poner a prueba al hijo de Dios? ¿Es casualidad que esto hubiera acontecido justo antes de iniciar su ministerio público? **Cualquier persona que sueñe con ser parte activa de lo que Dios está queriendo hacer en la tierra tiene que entender que el desierto no es opcional** sino que habrá varios momentos de la vida donde tendremos que pasar por el.

En el desierto se forjan las mejores bases para una vida verdaderamente exitosa.

Dios, por su gracia, me ha concedido la bendición de viajar a diferentes países, pero hay uno de ellos que todos los años visito por compromisos ministeriales, **Estados Unidos de América.** En mis viajes, he sido testigo de grandes cambios y momentos trascendentales, pero uno en particular se quedó grabado en mi corazón.

Después de los devastadores atentados del 11 de septiembre contra las Torres Gemelas, la ciudad de Nueva York enfrentó una herida muy profunda. Sin embargo, la determinación de reconstruir y honrar ese espacio emblemático no tardó en manifestarse. **Años más tarde, surgió un nuevo gigante entre los rasca-**

cielos de Manhattan: el One World Trade Center, un símbolo de resiliencia, esperanza y renacimiento.

Recuerdo que en uno de mis momentos de descanso, mientras paseaba por Manhattan, me dirigí al lugar donde este monumental edificio estaba siendo levantado. Lo que más me llamó la atención fue algo tan curioso como profundo: **nadie, absolutamente nadie, se tomaba fotografías mientras se construía.** Era como si el proceso de edificación, con sus cimientos, arena, ladrillos y vigas, no fuera digno de captura; aquel proyecto estaba en marcha, y prometía ser algo completamente diferente a todo lo que se conocía hasta ese momento.

Pasaron los años, y regresé al mismo lugar. Esta vez, el escenario había cambiado. El **One World Trade Center se alzaba, imponente, con su elegante arquitectura que reflejaba la luz del sol y la esperanza de millones.** Era un edificio impresionante, único en su diseño, con detalles que lo hacían resplandecer como un icono mundial. De inmediato, miles de turistas se agolpaban a su alrededor, ansiosos por capturar la belleza externa del rascacielos en fotografías y recuerdos.

Y ahí, en ese preciso momento, una gran reflexión surgió en mi corazón: **nadie se toma una foto con cemento, ladrillos o hierros, pero todos se apresuran a inmortalizar los detalles que hacen que ese edificio sea una maravilla visual.** El exterior es lo que todos ven, lo que todos adoran, pero si no existiera una base sólida, ¿de qué serviría? **Sin un buen fundamento, todo se derrumbaría.**

Esto me hizo pensar en nuestra propia vida espiritual. A menudo, podemos caer en el error de enfocarnos en las apariencias, en lo que los demás ven de nosotros, en las "decoraciones externas" que nos dan una buena imagen. Pero, **al igual que un**

gran edificio no se sostiene solo por sus hermosas ventanas o detalles, nuestra vida tampoco podrá mantenerse firme sin una base sólida en Cristo.

Sin fundamento, todo caerá por su propio peso.

Es como el iceberg: **los detalles externos pueden deslumbrar, pero lo que realmente importa está oculto bajo la superficie.** La mayor parte de su masa, invisible a los ojos, se encuentra sumergida en las profundidades, y es precisamente esa base sólida y firme la que le otorga estabilidad y poder. **Lo que no se ve, es lo que realmente sostiene todo.**

El desierto, ese lugar árido y desolado, es donde los fundamentos son establecidos. **Jesús fue llevado allí, no solo para enfrentar las tentaciones del diablo, sino para establecer unas bases firmes, que le permitirían resistir cualquier adversidad en su vida y ministerio.**

Ese desierto, que a simple vista parece inhóspito y aterrador, es en realidad el terreno de entrenamiento que Dios utiliza para fortalecer nuestras vidas. **Es el lugar donde decidimos si queremos seguir viviendo según las apariencias externas,** o donde decidimos dejar de jugar y permitir que el Espíritu Santo nos guíe, buscando a Dios y siendo transformados para que se arraiguen profundas convicciones internas. **Es un espacio para ser moldeados y preparados, es el lugar donde se forjan campeones que no serán dirigidos por emociones, sino por convicciones firmes.**

¿Cuál es el propósito del desierto? Es aprender a depender absolutamente de Dios. **Depender es la composición de dos palabras: De - Pender.** "De" indica una relación, una conexión con algo o alguien, mientras que "Pender", que proviene del latín "pendere", significa colgar o estar suspendido. Así, depender significa "colgarse de algo o alguien", en nuestro caso significa o nos aporta la idea de "estar completamente suspendido en Dios". **El desierto es ese lugar donde aprendemos a ser sostenidos, tomados de la mano de Dios para no caer.** Si dependiéramos de nuestras propias fuerzas, recursos o capacidades, caeríamos. **Es en ese espacio de aridez y prueba donde nuestras raíces se profundizan en la roca sólida de Su fidelidad,** y donde descubrimos que, al final, nuestra verdadera fuerza proviene de nuestra dependencia total de Su gracia y provisión.

Dios te lleva al desierto, no para causarte sufrimiento, sino para cimentar una relación sólida que te prepare para enfrentar el futuro con éxito.

En el desierto no hay distracciones, no existen restaurantes, ni agendas apuradas, ni actividades que te desvíen. En ese lugar, estarás solo con Dios. **Lo que hagas en ese espacio será crucial: puede ser una oportunidad para aprender y crecer, o un momento en el que permanezcas estancado durante años.**

"VERSÍCULO **DESTROZA TEMORES**"

ISAÍAS 35:7

"EL **DESIERTO** ***SERÁ UN LAGO***, LA TIERRA ***SECA SE LLENARÁ DE MANANTIALES.*** DONDE **AHORA** VIVEN LOS CHACALES, ***CRECERÁN CAÑAS Y JUNCOS.***"

VERDAD:

EL DESIERTO NO ES ETERNO, ES TEMPORAL, Y SU DURACIÓN DEPENDE DE LA ACTITUD QUE TOMES. NO TIENE EL PROPÓSITO DE DESTRUIRTE, SINO DE FORTALECERTE. DIOS USA ESE TIEMPO DE ARIDEZ PARA TRANSFORMAR LO QUE PARECE DESOLADO EN UN LUGAR DE ABUNDANCIA Y RESTAURACIÓN.

ACCIÓN:

DALE GRACIAS A DIOS EN LOS DESIERTOS DE LA VIDA. EN ESOS MOMENTOS DE SEQUEDAD, CUANDO TODO PARECE PERDIDO, ES CUANDO ÉL TIENE LA OPORTUNIDAD DE TRABAJAR PROFUNDAMENTE EN TI. LO QUE HOY PARECE ÁRIDO, MAÑANA SERÁ UN MANANTIAL DE BENDICIÓN, SI DECIDES CONFIAR Y PERMITIR QUE DIOS TE MOLDEE EN MEDIO DE LA ADVERSIDAD.

CAPÍTULO TRECE:
POSEÍDOS POR LAS POSESIONES

Hace algunos años, fui testigo de una de esas situaciones que parecen sacadas de un sueño surrealista, una experiencia que me marcó profundamente y que jamás olvidaré. Aquella tarde, estaba en una conversación con un hermano en la fe, alguien con quien compartía una relación cordial. Pero lo que comenzó como un diálogo común, se fue tornando en algo que tocó los límites de lo imaginable.

Él me hablaba con una angustia palpable, casi como si estuviera atrapado en un laberinto del que no podía salir. Su voz temblaba de desesperación cuando me hablaba de su situación financiera. Con cada palabra, sus temores crecían y se volvían más evidentes, como si estuviera viendo el fin del mundo acercarse, una y otra vez. "No sé qué voy a hacer", me decía. "No tengo los recursos suficientes para estar tranquilo. El dinero se va, se esfuma, y no sé si tendré bastante para sacar a mi familia adelante. Siento que voy a perderlo todo."

Sus palabras eran como un eco que golpeaba mi corazón. Era un hombre de principios sólidos, y sin embargo, su miedo parecía más grande que su confianza en la provisión divina. Intenté ofrecerle consuelo. Le hablé sobre la fidelidad de Dios, sobre cómo Él siempre provee para sus hijos. Le sugerí que pusiera su confianza en el Señor, pero mientras lo hacía, me di cuenta de que mis palabras, por más sinceras que fueran, no parecían encontrar su camino hacia su alma.

En ese momento, sentí que debía hacer algo más. Pero ¿qué más podría hacer? No tenía mucho que ofrecer. En ese entonces, yo era muy joven, con un salario mínimo que raramente alcanzaba para llegar a fin de mes. Solo tenía lo suficiente para sobrevivir los últimos días del mes antes de que llegara mi próximo pago. Me sentía casi tan vulnerable como él, con el peso de mis propias preocupaciones económicas. Sin embargo, movido por una compasión inexplicable, una idea cruzó mi mente: darle casi todo lo que tenía, dejarme a mí mismo con lo justo para sobrevivir unos pocos días más.

La idea era radical, un salto de fe. Y en el mismo momento en que iba a hacerlo, el Espíritu Santo susurró rápidamente en mi interior, de manera clara y rotunda: "Pregúntale, ¿cuánto dinero tiene en la cuenta bancaria?" Mi corazón dio un vuelco. "¿Cómo podría hacer eso?", pensé. "Es una pregunta invasiva, una falta de respeto". Sin embargo, la insistencia de esa voz interna era inquebrantable. Era como si me estuvieran guiando hacia un lugar donde no quería ir, pero sabiendo que debía dar el paso.

La lucha interna fue intensa. Estaba a punto de dar un paso que podría cambiar el rumbo de la conversación y, tal vez, la relación misma. No solo me sentía vulnerable, sino que la vergüenza y el temor me invadían. Pero, como si me despojara de mi propio orgullo y mi timidez, tomé aire y le pregunté, con una mezcla de titubeo y reverencia, "¿Cuánto dinero tienes en tu cuenta bancaria?"

La respuesta que vino de él fue como un rayo en medio de la tormenta. Con una nerviosidad palpable, me dijo, casi sin darse cuenta: "Tengo ahorros para vivir tan solo por un año". "¿Qué... qué?" No podía creer lo que escuchaba. Aquella persona que temía quedarse sin dinero, ¡tenía más que suficiente para vivir cómodamente durante un largo tiempo! Mi mente no lograba entender la discrepancia entre sus miedos y la abundancia que tenía a su alcance. No era que se hubiera quedado sin trabajo, ni que su hogar estuviera al borde de la oscuridad por falta de pago. Tanto él como su esposa tenían empleo, y sus ingresos eran más que adecuados. Sin embargo, a pesar de contar con ahorros que le permitían dejar de trabajar por un año entero sin que le faltara nada, su miedo seguía intacto, como una sombra que no lo dejaba descansar.

Una mezcla de asombro y una rabia contenida se apoderó de mí. Mientras veía a aquel hermano temblar de miedo por una situación económica que, en realidad, no representaba un peligro, una verdad profunda me golpeó con fuerza. ¿Cómo era posible que este hombre teniendo recursos estuviera tan aterrorizado de la escasez, mientras que yo, que apenas podía llenar mi despensa, estaba dispuesto a dar lo poco que tenía por ayudarle?

Sin pensarlo, decidí confrontarlo, mi corazón palpitaba acelerado "Hermano", le dije con firmeza, "estás hablando de una escasez que no existe. El miedo que tienes no proviene de la falta de recursos, sino de algo mucho más profundo. El dinero se ha convertido en tu dios, y eso es idolatría. Te has dejado dominar por las posesiones, crees que son ellas las que te dan estabilidad, cuando en realidad es tu fe en Dios la que debería sostenerte. El dinero no es lo que cuida de ti ni de tu familia. Es la fe en un Dios que provee, incluso cuando todo parece perdido."

Lo miré a los ojos, y aunque sentía una mezcla de confusión y frustración, algo se hacía cada vez más claro. Aquella persona estaba poseída por sus propias posesiones, tan atado a ellas que no podía ver más allá. Me di cuenta de que el miedo al dinero, el temor constante de perderlo, puede ser mucho más devastador que la pobreza misma. El dinero, cuando se convierte en el centro de nuestra vida, puede poseer el alma sin que nos demos cuenta, aprisionándonos en una angustia interminable.

Ese día, entendí algo crucial. El dinero, en su caso, no era solo un medio para vivir, sino un falso refugio que le daba una paz ilusoria. Una paz que dependía completamente de su situación financiera, de cuánto tenía en su cuenta, de lo que podía comprar. Pero esa paz era efímera, porque estaba basada en lo material, en algo que puede desaparecer en un abrir y cerrar de ojos. No pude ayudarlo mucho más, porque había hecho de las posesiones su dios, su fuente de seguridad. En lugar de confiar plenamente en su Creador, confiaba más en lo que su dinero podía ofrecerle.

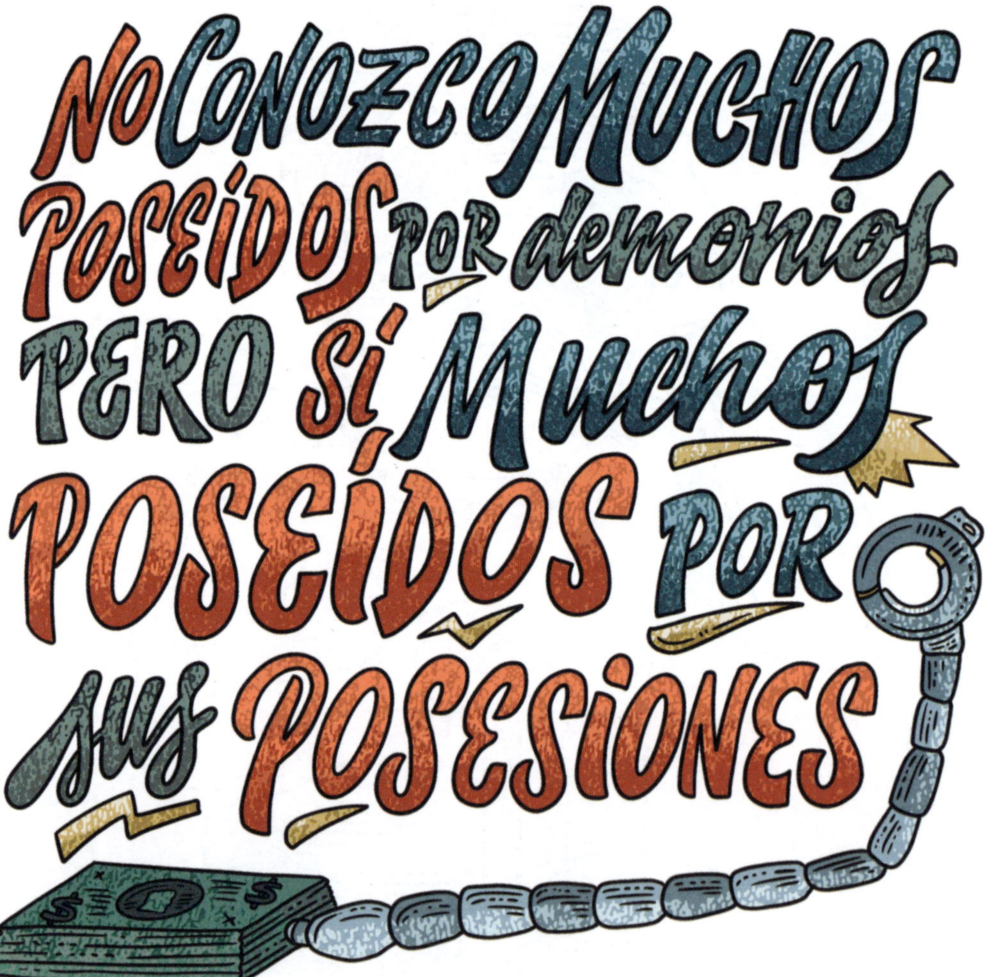

Existe un temor que se engendra cuando pensamos que nuestro éxito llega en relación a la cantidad de recursos que tengamos y esto es un gran error. Este miedo nos invade cuando el dinero está en el centro de nuestras vidas, al final esto se convierte en un dios falso que nos domina y nos genera ansiedad y desconcierto.

El joven rico es un claro ejemplo de cómo el dinero puede llegar a ser un dios que nos posee. Aunque, en apariencia, tenía todo lo que alguien podría desear, juventud, riqueza, una vida justa según los mandamientos, lo que le faltaba era la capacidad de soltar lo que le daba seguridad. Su temor era más grande que su confianza en su creador. Al no poder desprenderse de sus riquezas, prefería irse triste antes que dejar de adorar a ese dios material que le daba poder y control sobre su vida.

Este temor no es algo aislado, sino un reflejo de la lucha interior que todos enfrentamos cuando permitimos que el dinero ocupe el lugar de lo divino en nuestro corazón. Nos hace vivir con el temor de perderlo, con la sensación de que nuestra vida depende de lo que poseemos. Pero Jesús nos invita a liberarnos de esa falsa seguridad. Nos desafía a confiar en que el verdadero valor no está en lo que tenemos, sino en lo que somos y en la relación con Él.

Al final, el mensaje de Jesús es claro: el dinero no es malo, pero cuando lo convertimos en nuestro dios, cuando lo colocamos por encima de nuestra fe y nuestra confianza en Él, se convierte en un obstáculo para alcanzar la verdadera paz y libertad. Como el joven rico, muchos de nosotros tenemos que enfrentar el desafío de soltar lo que nos posee y vivir según los principios del Reino de Dios, un Reino donde **el verdadero tesoro no está en lo material, sino en el amor y la gracia que recibimos de Jesús.**

"VERSÍCULO **DESTROZA TEMORES**"

MATEO 6:31-33

"NO OS AFANÉIS, DICIENDO: *¿QUÉ COMEREMOS, O QUÉ BEBEREMOS, O QUÉ VESTIREMOS?* PORQUE LOS GENTILES BUSCAN TODAS ESTAS COSAS; PERO **VUESTRO PADRE CELESTIAL SABE QUE TENÉIS NECESIDAD DE TODAS ESTAS COSAS.** PERO *BUSCAD PRIMERAMENTE EL REINO DE DIOS Y SU JUSTICIA*, Y TODAS **ESTAS COSAS OS SERÁN AÑADIDAS."**

VERDAD:

DIOS ES NUESTRO PROVEEDOR FIEL, Y NO DEBEMOS TEMER QUEDARNOS SIN LO NECESARIO, PORQUE ÉL CONOCE NUESTRAS NECESIDADES Y TIENE EL PODER PARA SUPLIRLAS EN SU TIEMPO PERFECTO. LA PROMESA DE SU PROVISIÓN ES CLARA A LO LARGO DE LAS ESCRITURAS.

ACCIÓN:

PUEDES OBSERVAR SI ESTÁS CONFIANDO PLENAMENTE EN DIOS O SI ESTÁS PONIENDO TU VALÍA Y CONFIANZA EN TUS RIQUEZAS. CUANDO ENFRENTES MOMENTOS DE INCERTIDUMBRE O DIFICULTADES ECONÓMICAS, RECUERDA QUE DIOS SIEMPRE ES FIEL Y PROVEERÁ LO QUE ESTÉS NECESITANDO SIEMPRE BAJO SU PERFECTA VOLUNTAD. EN LUGAR DE PREOCUPARTE POR EL FUTURO O TEMER QUE TE FALTE LO ESENCIAL, PUEDES DESCANSAR EN SU PROMESA DE QUE, SI BUSCAS SU REINO Y SU JUSTICIA, ÉL PROVEERÁ TODO. EN LUGAR DE CENTRARTE EN EL MIEDO A QUEDARTE SIN PROVISIONES, ENFOCA TU ATENCIÓN EN BUSCAR EL REINO DE DIOS. MI CONSEJO SIEMPRE SERÁ EL MISMO, ENTRA EN ORACIÓN A LA PRESENCIA DE DIOS. ALLÍ ESTÁ TODO LO QUE ESTÁS NECESITANDO.

CAPÍTULO CATORCE:
EL TEMOR OLVIDADO

Q.E.P.D.

El nombre de este capítulo no es porque me haya olvidado de mencionar alguno de los temores que por regla general enfrenta el ser humano, el título es muy intencionado porque precisamente te voy a hablar del único temor que debería habitar en tu corazón. EL TEMOR A DIOS.

Nuestros temores desaparecen cuando tenemos temor de Dios.

Job 1:1 nos dice "Había en la tierra de Uz un hombre llamado Job, y este hombre era íntegro y recto, **temeroso de Dios** y apartado del mal".

La Palabra de Dios nos revela a Job como a un hombre, íntegro, recto, apartado del mal y además **temeroso de Dios.**

Solo el temor de Dios tiene el poder de transformarnos en personas íntegras, rectas y apartadas del mal. No es al revés:

no es que nuestra integridad, rectitud y separación del mal nos hagan automáticamente temerosos de Dios. Es todo lo contrario, al vivir con un profundo temor reverente hacia Él, esos atributos nacen de esa relación con Dios. El temor genuino a Su presencia y Su santidad es lo que cultiva en nosotros una vida de justicia, pureza y alejamiento del pecado.

Seguro que estarás de acuerdo conmigo en que el verdadero temor de Dios se está extinguiendo. No hablo de aquellos que abiertamente se alejan de Dios, ignorando Su existencia como si no tuviera ninguna relevancia en sus vidas. Hablo de aquellos que, con labios, se dicen ser seguidores de Cristo, pero cuyas vidas no reflejan esa profunda reverencia y respeto hacia Dios que debe caracterizar a los verdaderos creyentes. Este temor, que debería ser el cimiento de nuestra relación con Él, parece haberse diluido en la rutina diaria, en la comodidad de la cultura contemporánea, y en el deseo de vivir de acuerdo con nuestras propias normas, más que con las de Su palabra.

El temor de Dios es un temor reverente, que surge del reconocimiento de la santidad, grandeza y soberanía de Dios y eso nos lleva al profundo respeto y admiración hacia su divinidad, sin embargo los otros temores que hemos hablado en otros capítulos están basados en la incertidumbre, la inseguridad y la preocupación por lo que podría suceder.

No siempre fue fácil la vida de Job; el sufrimiento del justo es el tema central de esta narración bíblica, y los procesos por los que tuvo que pasar fueron realmente difíciles y dolorosos. Sin embargo, solo alguien con un profundo temor de Dios puede llegar a concluir su carrera de manera correcta, como lo hizo él.

A lo largo de su historia, Job enfrenta la pérdida de su familia, su salud y su riqueza, atravesando momentos de angustia y desesperación. No obstante, su fe y su integridad permanecen firmes, lo que le permite superar las pruebas más intensas. El relato de Job nos desafía a reflexionar sobre el sufrimiento, la justicia divina y la fidelidad, mostrando que, a pesar de las adversidades, el temor de Dios es la clave para ser restaurado y llegar al final del camino de manera correcta.

Te quiero parafrasear lo que ocurrió al inicio de la historia del libro de Job.

En los cielos, ante la presencia de Dios, se reunieron los hijos de Dios, los seres celestiales que rindieron cuentas ante Él. En ese momento, entre ellos, se presentó Satanás, quien no era bienvenido, pero estaba allí, como en otras ocasiones, buscando qué hacer. Dios, que ve todo lo que ocurre en el universo, no pudo dejar de notar su presencia y Satanás tuvo que rendir cuentas.

"¿De dónde vienes?", preguntó Dios, con una voz que retumbaba llena de autoridad.

Satanás respondió, con arrogancia: "De recorrer la tierra, y de andar por ella."

Dios, sabiendo los pensamientos de todos, miró con seriedad a Satanás y, sin dudar, le preguntó: "¿Has considerado a mi siervo Job? No hay otro como él en la tierra, un hombre recto y perfecto, temeroso de Dios y apartado del mal."

Satanás, con una sonrisa burlona, no pudo evitar desafiar a Dios. "¿Acaso Job teme a Dios de balde?", dijo con voz sarcástica. "¿No lo has rodeado Tú de un muro de protección? Has bendecido su vida, has dado a su familia abundancia, y todo lo que tiene es prosperidad. ¿Qué otro podría hacer más que temerte si todo le va tan bien?"

Satanás, con un tono de desdén, continuó: "Pero, si tocas todo lo que tiene, si le permites perder su riqueza, su salud y sus bienes, estoy seguro de que maldecirá tu nombre."

Dios, con una calma que reflejaba su soberanía, miró a Satanás y, sin dudarlo, le respondió: "He aquí, todo lo que tiene está en tu mano; solo no pongas tu mano sobre él."

Así, Satanás se retiró de la presencia de Dios, sabiendo que había sido concedido un permiso para probar la fe de Job. En ese momento, comenzó el curso de pruebas que Job enfrentaría, sin saber que su integridad sería puesta a prueba de una manera que jamás habría imaginado.

¿Qué está haciendo Dios? ¿Por qué permitiría algo tan inimaginable? En este momento, parece que todo está perdido, pero la verdad es más profunda de lo que podemos entender. Dios está usando al mismo diablo como su instrumento, su marioneta, su peón, para orquestar algo completamente espectacular en la vida de Job. Satanás, creyendo que tiene el control, en realidad está siendo dirigido por la mano todopoderosa de Dios, quien lo mueve como quiere, como si fuera un juguete en sus manos. Lo que él considera una batalla, Dios lo está utilizando como parte de su plan perfecto. El enemigo, cegado por su arrogancia, cree que tiene la ventaja, que la batalla ya está ganada. Pero en su orgullo, no se da cuenta de que está mordiendo el anzuelo, como un pez atraído por un irresistible manjar.

Job es golpeado de manera atroz, como si se hubiera adentrado en un cuadrilátero de combate, donde un enemigo despiadado no cesa de lanzarle golpe tras golpe. Cada ataque es más brutal que el anterior, y él, destrozado pero sin rendirse, apenas puede mantenerse en pie ante semejante furia. El primer golpe llega con una brutalidad indescriptible: la pérdida de sus ganados, una invasión imparable de un ejército enemigo que arrasa con todo lo que ha trabajado y poseído. El impacto es devastador, su economía se derrumba en un instante, y la tierra que un día fue testigo de su prosperidad, ahora es solo un eco de lo que fue.

El segundo golpe lo golpea directo al corazón: la muerte de todos sus hijos. Un viento mortal, furioso y cegador, arrasa con el refugio donde se encontraban, y el techo se desploma sobre ellos, aplastándolos en un instante. En un abrir y cerrar de ojos, lo que era su razón de ser, su alegría, se convierte en un vacío insoportable. La tragedia lo desgarra, y su alma grita en silencio ante la magnitud de la pérdida.

Pero la tormenta no ha terminado. El tercer golpe es aún más cruel: la enfermedad lo consume. Su cuerpo, una vez fuerte y vital, se ve ahora invadido por llagas horribles que carcomen su piel, desde la planta de los pies hasta la coronilla. Cada herida arde como fuego, cada dolor es una punzada cruel que lo desgarra por dentro y por fuera. Su cuerpo, que antes había sido un templo de fortaleza, ahora se ha convertido en un campo de batalla donde la enfermedad lo devora implacablemente. La fatiga lo consume, su mente lucha por mantener la cordura, pero el dolor, la desesperación y la humillación son más grandes que su voluntad. A pesar de todo, Job no se rinde. En medio del sufrimiento indescriptible, su espíritu resiste, desafiando cada golpe, cada calamidad, aferrándose a una fe inquebrantable que lo mantiene de pie frente a la tormenta más feroz.

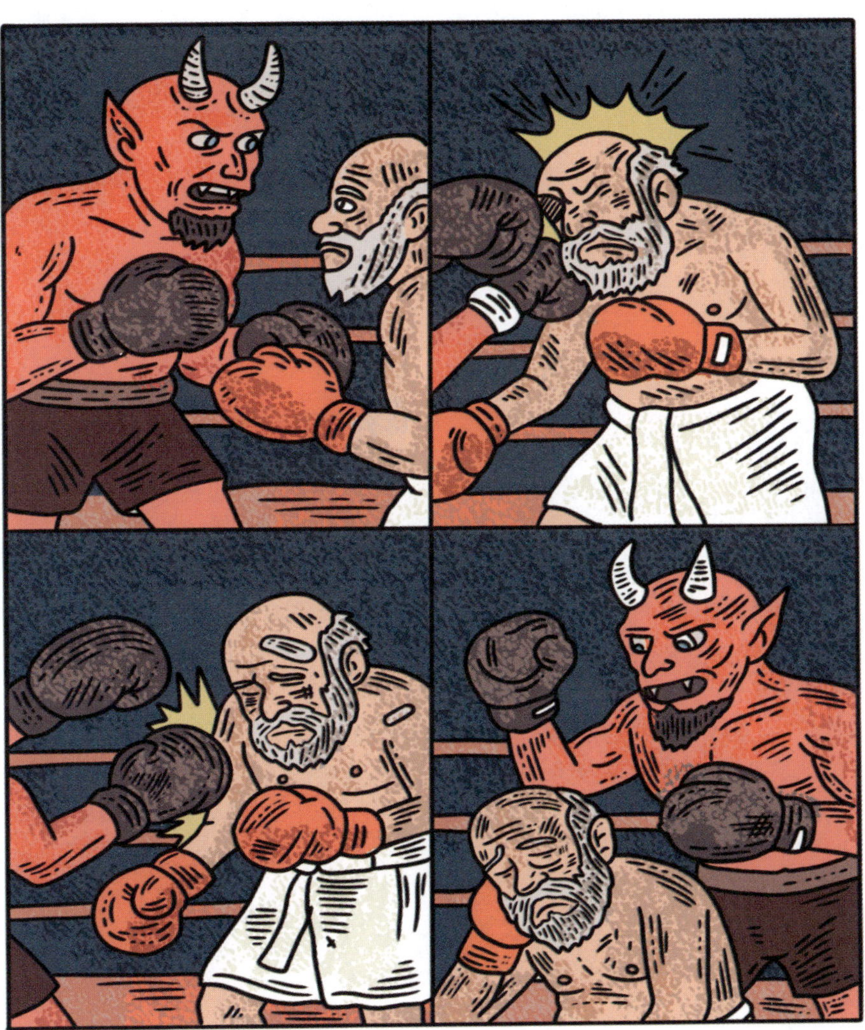

Y hemos llegado a la gran lección de este capítulo, ¿por qué Dios permitiría algo así? **Dios ha permitido todo esto porque quiere llevar a su hijo Job a ser... ¡inexpugnable!** ¿Quéeeee? ¿Qué significa esto? En un momento te lo explico, pero antes debo hacer una pausa. Hubo un instante crítico en el que Job no pudo más y, finalmente, se quejó. Y es ahí, en ese preciso momento no antes, ni después, cuando Dios se le aparece y le dice: "Ciñe ahora tus lomos como un hombre, yo te preguntaré y tú me responderás." En otras palabras, Job, ahora te enfrentarás a un golpe mucho mayor que los anteriores. ¿A ver si me conoces tanto como crees? Y es durante cuatro capítulos completos (del 38 al 41) que Dios le lanza más de **60 preguntas** que, hasta el día de hoy, me dejan boquiabierto por la dureza y la complejidad de las respuestas. Preguntas como...

¿Quién midió las aguas con el hueco de su mano?

Me imagino a Job tratando de visualizar cuánta agua cabe en el hueco de una mano humana... pero, ¡qué locura! Un océano entero medido con la mano de Dios, tan inmenso y tan perfecto en su creación. ¿Cómo podría él, un simple hombre, comprender tal vastedad?

¿Quién puso el límite al mar para que no se extendiera más allá de sus fronteras?

¿El mar tiene fronteras? Job, sorprendido, comienza a pensar... ¿Cómo es posible que algo tan infinito como el mar tenga un límite? Y sin embargo, ahí está, controlado, no cruzando su línea, una obra perfecta del Creador.

¿Quién da órdenes a la luz y a la oscuridad?

¿¡La luz y la oscuridad tienen órdenes!? Job debe haberse quedado asombrado, como si pensara: "¿De verdad la luz necesita que alguien le diga cuándo salir y cuándo retirarse?" ¡Impresionante!

¿Has entrado tú en los depósitos de la nieve o has visto los depósitos del granizo?

¿¡Depósitos!? Job se queda perplejo, ¿existen depósitos de nieve y granizo? Nunca lo había imaginado. Como si Dios tuviera un almacén gigante de nieve y granizo listos para caer en el momento preciso.

¿Acaso puedes atar los lazos de las Pléyades o desatar las cuerdas de Orión? ¿Pléyades, Orión... y atar con lazo? Job debe haberse quedado boquiabierto, pensando: "¿De qué está hablando Dios? ¿Qué son esas constelaciones? ¿Cómo se pueden atar o desatar? Esto no tiene sentido... o quizás sí, si es el poder de Dios."

¿Quién proporcionó al cuervo su alimento cuando sus crías claman a Dios? ¡¿Las crías del cuervo claman a Dios para ser alimentadas?! Job se quedó anonadado, ¿cómo pudo pensar que un ave, en su más pura naturaleza, podría elevar una súplica a Dios para su sustento? Y aún más, ¿cómo Dios provee para cada uno de esos pequeños detalles en la creación?

Así, una pregunta tras otra, Dios quería que su hijo Job se convirtiera en una persona **inexpugnable.** ¿Quién podría tumbar ahora a Job? Después de todo lo que ha vivido, de todo lo que ha soportado, y de la manera en que Dios se ha revelado en su vida, ¿qué podría aún derribarlo? **Nada.** Nada ni nadie tiene el poder para quebrantarlo, porque ahora, Job es más fuerte que nunca. La adversidad ha forjado en él una resistencia indomable, un carácter a prueba de fuego.

El temor de Dios te hace **INEXPUGNABLE, ESA ES LA GRAN LECCIÓN DE ESTE CAPÍTULO.**

La palabra "inexpugnable" tiene un peso profundo: algo que no puede ser conquistado, invadido ni derrotado. En términos militares, es una fortaleza tan impenetrable, tan bien protegida, que es imposible de superar. En un sentido más personal, también se refiere a una persona que se ha vuelto invulnerable a los ataques, que se mantiene firme e imperturbable frente a la adversidad y la crítica. Esta es la transformación que Job ha experimentado, lo que antes era vulnerable, ahora es inexpugnable. Y ese es el resultado de aprender a temer a Dios, cuando realmente lo conoces y dejas que su presencia te moldee, nada te puede hacer temer porque sabes que estás en las mejores manos.

"VERSÍCULO **DESTROZA TEMORES**"

PROVERBIOS 1:7

EL PRINCIPIO DE *LA SABIDURÍA* ES EL **TEMOR** A *JEHOVÁ*.

TEMOR

VERDAD:

EL TEMOR A DIOS TE HACE INEXPUGNABLE. CUANDO TE SOMETES COMPLETAMENTE A ÉL, RECONOCES SU SOBERANÍA Y PODER, TU VIDA SE CONVIERTE EN UN REFUGIO INEXPUGNABLE, UN BALUARTE QUE NI LAS PRUEBAS MÁS INTENSAS PUEDEN DESTRUIR. EL TEMOR A DIOS NO ES UN MIEDO PARALIZANTE, SINO UNA REVERENCIA QUE TE EMPODERA, QUE TE DA LA FORTALEZA PARA ENFRENTAR LO IMPOSIBLE, SABIENDO QUE EL CREADOR DEL UNIVERSO ESTÁ CONTIGO.

ACCIÓN:

¿HAY DECISIONES QUE NECESITAS TOMAR DELANTE DE DIOS QUE TE ESTÁN CAUSANDO TEMOR O INCERTIDUMBRE? ¿QUÉ SITUACIONES EN TU VIDA TE ESTÁN INTIMIDANDO, Y CÓMO PUEDES, AL TEMER A DIOS, ENCONTRAR ESA INEXPUGNABILIDAD QUE SOLO ÉL PUEDE OFRECER? EL TEMOR DE DIOS ES EL PRINCIPIO DE LA SABIDURÍA, Y SI LE PERMITIMOS GOBERNAR NUESTRAS DECISIONES, NUESTRAS ACCIONES Y NUESTRAS VIDAS, NADA NI NADIE PODRÁ DERRIBARNOS. HOY ES EL MOMENTO DE RENDIR ESAS PREOCUPACIONES ANTE SU PRESENCIA, CONFIANDO EN QUE ÉL ES MÁS GRANDE QUE CUALQUIER ADVERSIDAD. HAZ QUE TU VIDA SEA INEXPUGNABLE, AL RECONOCER LA SOBERANÍA DE DIOS SOBRE TODO.

CAPÍTULO QUINCE:
LA HABITACIÓN 317

317

Sé lo que es el terror. El 20 de noviembre de 2021 ocurrió algo que no se ha borrado de mi memoria. Ese día me hospedaba en el hotel Howard Johnson, en la ciudad de Clifton, New Jersey, a solo doce minutos de Paterson, donde al día siguiente debía predicar. Había estado sintiéndome mal durante varios días, tanto física como emocionalmente. Esa noche tuve que enfrentar una de las peores experiencias de mi vida.

Aquella noche, llegué al hotel bien tarde, después de haber predicado en una de las iglesias que me habían invitado. Al entrar al edificio, la atmósfera era sombría. Un olor peculiar flotaba en los pasillos, como si el hotel estuviera marcado por una historia que no lograba comprender. A un lado del pasillo, vi una publicidad de una iglesia que hacía sus reuniones en ese mismo hotel los domingos por la tarde. Decidí tomarle una fotografía por curiosidad. Para mi sorpresa, al investigar más, descubrí que conocía al pastor que lideraba esa iglesia y, además, tenía su teléfono en mi agenda. Ese hermano fue como un ángel enviado por Dios en ese momento. Es más, creo que Dios me llevó a ese hotel porque Él sabía la experiencia que iba a tener minutos más tarde.

El hombre de la recepción me entregó la tarjeta magnética con la que accedería a mi habitación. El número de la habitación era la 317. Jamás olvidaré ese número ni lo que ocurrió en el interior de esa habitación. Después de darme una ducha, me acosté en la cama con el deseo de dormir para estar descansado para el domingo, ya que me tocaba predicar en varias iglesias distintas y sabía que sería un día intenso. A pesar del cansancio, había algo en mi espíritu que me decía que algo malo estaba por suceder. La opresión del enemigo en esa habitación era palpable, mi espíritu lo sentía, y decidí orar.

Pero mientras oraba, el sueño me venció por un rato y quedé dormido, aunque no por mucho tiempo. La lucha espiritual era tan fuerte que pronto me desperté. Fue entonces cuando sentí lo peor, mis piernas comenzaron a temblar de una forma incontrolable. Literalmente, mis extremidades estaban convulsionando, como si mi cuerpo hubiese perdido toda capacidad de control. Un frío intenso recorría mi frente, y un miedo desproporcionado comenzó a apoderarse de mí. Mi mente se nubló, y la sensación de terror se apoderó en cada rincón de mi ser.

Intenté levantarme, pero mis piernas no respondían. Lo intentaba pero nada funcionaba. Mis pies no se mantenían firmes en el suelo. ¿Qué me estaba pasando? ¿Era algo físico o algo mucho más profundo?

A medida que luchaba por mantenerme en pie, la ansiedad creció como un monstruo que no podía controlar. Cada paso que intentaba dar era una batalla, y mis pensamientos se volvían cada vez más oscuros. Me aferré a los muebles para no caer, sintiendo cómo el pánico se apoderaba de mí más y más. Estaba tan solo en ese hotel desconocido, tan lejos de mi casa, tan lejos de mi familia que no podía con la sensación de que mi corazón podría dejar de latir en cualquier momento.

Finalmente, me tiré al suelo arrastrándome hacia el baño, con la esperanza de que algo pudiera calmarme, me rocié agua sobre mi cabeza, pero aún así, la taquicardia no se iba. Volví a la cama, y no pude evitar llorar desconsoladamente. Estaba solo, completamente solo, **y el miedo a lo desconocido se había convertido en un gigante que me devoraba.**

En ese momento de oscuridad, tomé mi teléfono móvil, mis manos temblaban y necesitaba pedir ayuda. Eran las 2 de la madrugada, y tenía la esperanza de que alguien pudiera ayudarme, busqué el contacto de ese pastor de la iglesia que lideraba las reuniones en el hotel. Era una locura, pero, sorprendentemente, lo vi en línea. Le escribí rápidamente, y para mi alivio, me respondió de inmediato. Me llamó y, sin dudarlo, comenzó a orar por mí.

Aunque vivía en Nueva York y el tráfico a esa hora era ligero, me dijo que tardaría unos 30 minutos en llegar. Fueron los 30 minutos más largos y desesperantes de mi vida. Mientras oraba por mí, sentía como si el tiempo se me escapara. El miedo a lo desconocido me envolvía cada vez más.

Finalmente, ese pastor llegó. Se quedó conmigo en la habitación, orando y ayudándome a calmarme. Se quedó en la cama contigua a mi lado hasta que, finalmente, el sueño me ganó. Él se fue, y al día siguiente, a pesar del agotamiento, fui a las diferentes iglesias con las que me había comprometido para ir a predicar, evidentemente acudí con un semblante que reflejaba la batalla interna que había vivido esa noche. Esa experiencia en la habitación del hotel marcó un antes y un después en mi vida. Fue allí donde comprendí que algo mucho más profundo me estaba sucediendo. Como te comenté en capítulos anteriores, cuando comencé un proceso de sanidad interior, todos esos síntomas desde la ansiedad hasta los ataques de pánico y depresión desaparecieron.

El miedo a lo desconocido es más común de lo que a veces creemos. A veces, pensamos que nuestra seguridad está en lo que conocemos, pero la vida tiene una forma de sacarnos de nuestra zona de confort, obligándonos a enfrentarnos a lo que no podemos ver, lo que no entendemos.

Dios le dijo a Abraham en Génesis 12:1: "Vete de tu tierra, y de tu parentela, y de la casa de tu padre, a la tierra que te mostraré."

Y me imagino a Abraham: ¿Pero cuál es esa tierra? ¿Adónde debo ir? Y la respuesta de Dios podría haber sido algo como: "No te lo diré, al menos no ahora. Solo obedece y anda." ¿En serio? ¿Quieres que deje todo lo que conozco, mi familia, mi hogar, y que me dirija a un lugar del cual ni siquiera sé la ubicación? ¿Por qué me ocultas esto también?

A veces, emprender un viaje hacia lo desconocido, confiando ciegamente en que Dios nos guiará, no es fácil. Es un desafío que requiere una fe tan profunda que va más allá de lo que nuestros ojos pueden ver. Si Dios es experto en algo, es en meternos en caminos intransitables para enseñarnos a no querer tener el control del futuro, sino a descansar en Él mientras andamos por senderos misteriosos.

La historia de Jesús dormido en la barca es bien conocida, la podemos encontrar narrada en los evangelios. Fue la primera vez que los discípulos enfrentaron una tormenta en el mar con Jesús a bordo. En este episodio, Jesús y sus discípulos se embarcaron en una travesía por el mar de Galilea. Mientras cruzaban, una tormenta repentina y violenta comenzó a azotar la barca. Las olas se estrellaban contra ella, y los discípulos, aunque muchos eran pescadores experimentados, temían por sus vidas. Sin embargo, Jesús estaba dormido en la parte trasera de la barca.

El Miedo a lo desconocido es MÁS común de de lo que A VECES Creemos

Desesperados, los discípulos lo despertaron, diciendo: "¡Señor, sálvanos, que perecemos!" Jesús se levantó, reprendió al viento y a las olas, diciendo: "Calla, enmudece." Al instante, la tormenta se calmó, y hubo una gran calma. Los discípulos, asombrados, se preguntaron entre sí: **"¿Quién es este, que hasta el viento y el mar le obedecen?"**

Aunque los discípulos ya habían enfrentado tormentas antes, esta fue la primera vez que vivieron una experiencia tan directa con la intervención sobrenatural de Jesús. No solo vieron cómo la tormenta se calmaba, sino que tuvieron la revelación de la autoridad divina de Jesús sobre la naturaleza. Fue un momento decisivo en el que sus corazones se vieron confrontados con la identidad y el poder de Jesús, dejando una marca profunda en su fe.

¿Te has detenido a pensar que, para Dios, no es difícil hacerle un "¡shhh!" o decirle ¡¡SILENCIO!! a esos miedos que se levantan contra ti?

Si Él es capaz de regañar a los vientos y hacer que las aguas se calmen en un segundo, **¿por qué nos aterra tanto adentrarnos en lo desconocido?** Nos da miedo, nos da vértigo, porque no podemos ver lo que hay al otro lado de esa orden que el Señor nos da. La incertidumbre nos paraliza, y de nuevo nos invade ese deseo de querer controlarlo todo, cuando, en el fondo, sabemos que no controlamos nada. Pero aquí está la clave, podemos descansar. Descansar en la certeza de que, aunque para nosotros el futuro sea una zona desconocida, **Dios jamás nos llevará a un lugar que no sea para nuestro bien, Él siempre tendrá la intención de bendecirnos, aunque nuestras mentes no lo entiendan de inmediato.**

Es el miedo a lo desconocido lo que nos roba la paz, pero cuando entendemos que el que da la orden es el mismo que tiene el poder sobre todo lo que existe, ese miedo pierde su fuerza.

"VERSÍCULO **DESTROZA TEMORES**"

MATEO 8:26

"Y ÉL LES DIJO: ¿*POR QUÉ TEMÉIS, HOMBRES DE POCA FE?* ENTONCES, LEVANTÁNDOSE, *REPRENDIÓ A LOS VIENTOS Y AL MAR*, Y SE **HIZO UNA GRAN CALMA.**"

VERDAD:

ESTE VERSÍCULO NOS RECUERDA QUE, EN MEDIO DE LA TORMENTA MÁS VIOLENTA, JESÚS TIENE EL PODER PARA CALMAR LO INCONTROLABLE. LO QUE PARECE FUERA DE NUESTRO ALCANCE Y LO QUE NOS LLENA DE PAVOR, ESTÁ COMPLETAMENTE BAJO SU DOMINIO. EL MIEDO A LO DESCONOCIDO PIERDE FUERZA CUANDO RECONOCEMOS QUE EL MISMO JESÚS QUE CALMÓ LA TORMENTA TAMBIÉN ES EL QUE ESTÁ CON NOSOTROS EN MEDIO DE NUESTRAS LUCHAS, GUIÁNDONOS A TRAVÉS DE LO QUE NO PODEMOS VER.

ACCIÓN:

CUANDO NOS ENFRENTAMOS AL MIEDO A LO DESCONOCIDO, DEBEMOS RECORDAR QUE NO ESTAMOS SOLOS. SI JESÚS PUEDE CALMAR LA TORMENTA CON SOLO UNA PALABRA, ÉL TAMBIÉN PUEDE CALMAR NUESTROS MIEDOS INTERNOS. EN LUGAR DE RESISTIR LA INCERTIDUMBRE, DEBEMOS APRENDER A DESCANSAR EN SU SOBERANÍA, CONFIANDO EN QUE, AUNQUE NO SEPAMOS LO QUE NOS ESPERA, ÉL TIENE UN PLAN PERFECTO Y NOS LLEVARÁ A UN LUGAR DE BENDICIÓN, AUNQUE NO PODAMOS VERLO AÚN. LA PAZ NO ESTÁ EN TENER TODAS LAS RESPUESTAS, SINO EN CONFIAR EN QUE DIOS ESTÁ AL CONTROL DE TODO.

CAPÍTULO DIECISÉIS: EL MIEDO A LO QUE NO EXISTE

Imagina a un hombre a punto de casarse, rodeado de amigos que celebran su despedida de soltero. La emoción y la diversión llenan el aire, y todo parece perfecto hasta que, de repente, le vendan los ojos y lo llevan a un lugar desconocido. El ambiente está cargado de risas y bromas, pero él no sabe que lo están preparando para lo que parece ser una experiencia extrema: hacer puenting.

Este hombre, que tiene un miedo visceral a las alturas, comienza a sentir cómo su estómago se revuelca y el sudor frío recorre su frente. Cada uno de sus nervios le grita que está a punto de lanzarse al vacío. Lo colocan en el borde de lo que él cree es un precipicio, y los amigos, en su eufórica complicidad, lo alientan: "¡Va a ser increíble, vas a disfrutarlo!" Pero el miedo lo consume por completo, hasta el punto de rogarles que no lo hagan, de pedirles que no lo empujen. Pero las reglas de la despedida de soltero son claras, y la presión de los demás lo obliga a seguir el juego, aunque su alma esté llena de terror.

Entonces, la cuenta regresiva comienza. "¡Tres! ¡Dos! ¡Uno!" y, con un grito ensordecedor de pánico, lo empujan. La adrenalina lo inunda mientras la sensación de caída lo consume, pero algo extraño sucede: el vacío nunca llega. Él sigue allí, en el mismo lugar, con sus pies firmemente plantados en el suelo. Los amigos estallan en carcajadas. Lo que no sabe es que la caída nunca existió, que todo era una mentira, una broma cruel, diseñada para provocar en él una tormenta de emociones intensas.

Cuando se quita la venda, el shock lo embarga. Se encuentra parado sobre un simple bordillo, sin ningún precipicio que lo amenazara, rodeado de amigos que no pueden dejar de reír. Pero, a pesar de la risa ajena, lo que él siente es algo mucho más intenso: una vergüenza insoportable, un bochorno profundo que lo hace querer desaparecer. Las imágenes de su angustia, sus gritos desesperados, y esa tensión palpable que recorrió su cuerpo, ahora se sienten como una cruel burla. En ese momento, se da cuenta de lo que ha pasado: el miedo que experimentó, la sensación de estar a punto de caer, fue todo producto de su mente, alimentada por una mentira que le hizo temer algo que nunca estuvo allí.

El sentimiento de humillación lo consume mientras sus amigos siguen riendo, pero lo que realmente le cala hondo es darse cuenta de cuán frágil puede ser su percepción de la realidad cuando una mentira se infiltra en su mente. **La mentira le hizo vivir en un constante temor, le hizo creer que caía al abismo, cuando en realidad nunca estuvo en peligro.** La verdad, por otro lado, lo liberaría de esa vergüenza y lo haría comprender que lo que temía solo existía en su cabeza, en la sombra de una mentira que lo aprisionó por completo.

Este es el poder de la mentira, nos hace creer que estamos al borde de un precipicio, cuando en realidad estamos a salvo. Nos hace vivir en el temor, nos hace reaccionar como si estuviéramos a punto de caer, cuando la caída nunca llegará. Pero la verdad, esa sí tiene el poder de liberarnos del miedo, de arrancarnos las vendas que distorsionan nuestra visión, y de mostrarnos que, al final, todo lo que temíamos nunca fue real.

Satanás es el padre de toda mentira, esto significa que su deseo es constantemente manipular o desviar la voluntad de las personas a través del engaño. La única forma de rechazar una mentira es siendo consciente de cuál es la verdad.

Profundicemos en este interrogante que hoy planteo: ¿Por qué será que la herramienta más poderosa que el diablo utiliza es la mentira? ¿Te has detenido a reflexionar alguna vez sobre ello? La mentira, en su forma más sutil, se infiltra en la mente humana con una efectividad desmesurada, provocando que aquellos que la aceptan caigan bajo su hechizo. Cuando una persona abraza una mentira, se convierte en un prisionero del miedo. Pero no hablamos de un miedo superficial, sino de una ansiedad profunda que perfora las fibras mismas de su existencia.

Quienes interiorizan la mentira y la hacen suya, se convierten en esclavos de un temor constante e inquebrantable. No existe término medio, porque la mentira no solo distorsiona la realidad; la reconfigura por completo, haciendo que todo lo que percibimos esté teñido por el miedo. Tomemos un ejemplo sencillo: si una persona cree la mentira de que su vida no tiene valor, esa creencia se convierte en el motor que impulsa sus decisiones. De repente, cada acción, cada palabra, cada interacción, es un intento desesperado por validarse ante los demás, por escapar del abismo de la insignificancia.

El miedo a ser invisible, a no tener un propósito, arrastra a esa persona a someterse a cualquier cosa, a hacer lo que sea necesario para encajar, para pertenecer. Cada logro, cada éxito, no se vive como una victoria personal, sino como un intento angustioso de llenar el vacío dejado por la mentira. Porque, al final, el temor a no ser suficiente nunca desaparece, y la necesidad de demostrarlo todo a cada instante se convierte en la prisión más opresiva.

Es un ciclo interminable: la mentira no solo moldea el miedo, sino que lo alimenta, lo engorda, hasta que la persona ya no sabe dónde termina la mentira y dónde empieza la realidad. Esta es la trampa que muchos ni siquiera perciben hasta que se ven atrapados, **una mentira aceptada se convierte en la mayor de las cadenas invisibles.**

Donde Hay
MIEDO
Siempre Ha
Existido
UNA
MENTIRA
en la
que se Ha Creido
VERDAD

Un corazón sano es un corazón libre de temor.

Romanos 8:15 nos dice: *"Porque no habéis recibido el espíritu de esclavitud para estar otra vez en temor,* **sino que habéis recibido el Espíritu de adopción, por el cual clamamos: ¡Abba, Padre!"**

Un espíritu de esclavitud es el resultado de vivir bajo el dominio del temor. Para ponerlo en términos más directos: si estás viviendo bajo el temor, entonces es porque eres un esclavo. Así de claro lo señala este versículo.

La esclavitud no se limita solo a una prisión física, ni está reservada a países donde los derechos humanos están ausentes. La esclavitud puede infiltrarse en cualquier hogar, incluso en los países modernos y civilizados. Millones de personas viven atrapadas por esta esclavitud sin siquiera ser conscientes de ello, y su raíz más profunda es el temor. Tememos al fracaso, a la enfermedad, a la crisis, a la soledad, al desempleo, a la muerte, a la traición, al divorcio, y a innumerables amenazas que acechan nuestras vidas.

Te quiero dar el único consejo para dejar de ser esclavo y no vivir bajo la influencia del temor. **ACEPTA LA VERDAD.** La verdad te hace libre, mientras la mentira te esclaviza, la verdad te libera. Debemos preguntarnos **¿Qué dice Dios acerca de la mentira que estoy creyendo? La única forma de reventar a la mentira es aceptando la verdad de Dios.**

Voy a ponerte algunos ejemplos para que puedas hacer este ejercicio de confrontar las mentiras con la verdad divina:

Ejemplo 1: Tengo miedo a que me traicionen nuevamente, porque abrí mi corazón y fui herido por alguien en quien confiaba, alguien a quien amo profundamente y que compartió información privada que le confié.

El miedo a que te traicionen te mantiene hermético, porque una mala experiencia te impide conocer a personas maravillosas que protegerán tu privacidad como un tesoro. La verdad sería algo así:

1. Te lo volverán a hacer. (El ser humano es imperfecto y pecador.)

2. Dios les pedirá cuentas. (La justicia de Dios prevalecerá.)

3. Tu valor no depende de la traición de otros. (Dios te ha hecho valioso independientemente de lo que hagan los demás.)

4. Dios restaurará lo que fue robado. (Él puede sanar las heridas y redimir las pérdidas, transformando lo malo en algo bueno.)

Aceptar estas verdades te libera del miedo a la traición y te permite volver a confiar.

Ejemplo 2: Tengo miedo a la soledad, me abandonaron y sentí un gran vacío. Después de haber dado tanto, me quedé solo y sin el apoyo que pensaba que tendría.

El miedo a la soledad te hace vivir encadenado, porque, a raíz de una experiencia dolorosa, crees que siempre estarás solo y que nadie más te valorará. La verdad sería algo así:

1. La soledad es una mentira. (Dios siempre está contigo, Él nunca te abandona y Él es más que suficiente.)

2. Dios te rodeará de nuevas relaciones. (Él traerá personas a tu vida que te amarán y te apoyarán de la manera correcta.)

3. Tu identidad no depende de la compañía de los demás. (Tu valor está en Dios, no en las personas que te rodean, si alguien se va, no es señal de que eres un fracasado, sino de que Dios te está librando de algo mucho mayor, algo que no necesitas en tu vida.

4. Dios usa la soledad para acercarnos a Él. (A veces, la soledad es el espacio que Dios utiliza para fortalecer nuestra relación con Él y prepararnos para lo que viene.)

Al aceptar estas verdades, el miedo a la soledad se disuelve, porque sabes que nunca estarás realmente solo y que Dios tiene un propósito para cada etapa de tu vida.

“VERSÍCULO **DESTROZA TEMORES**”

JUAN 8:44

VOSOTROS SOIS DE VUESTRO **PADRE EL DIABLO**, Y LOS DESEOS DE VUESTRO PADRE QUERÉIS HACER. ***ÉL HA SIDO HOMICIDA DESDE EL PRINCIPIO, Y NO HA PERMANECIDO EN LA VERDAD***, PORQUE **NO HAY VERDAD EN ÉL.** CUANDO HABLA MENTIRA, DE SUYO HABLA; ***PORQUE ES MENTIROSO Y PADRE DE MENTIRA.***

VERDAD:

SATANÁS, EL PADRE DE LA MENTIRA, UTILIZA EL ENGAÑO PARA MANIPULAR Y ESCLAVIZAR NUESTRA MENTE, HACIENDO QUE VIVAMOS BAJO EL YUGO DEL TEMOR. LA MENTIRA DISTORSIONA NUESTRA REALIDAD, NOS HACE TEMER LO QUE NO EXISTE Y NOS IMPIDE VIVIR EN LA LIBERTAD QUE DIOS NOS OFRECE. LA ÚNICA MANERA DE ROMPER LAS CADENAS DEL TEMOR ES ABRAZANDO LA VERDAD QUE DIOS NOS DA, LA CUAL NOS LIBERA Y NOS RESTAURA.

APLICACIÓN:

CUANDO SIENTAS MIEDO, IDENTIFICA LA MENTIRA QUE ESTÁ ALIMENTANDO ESE TEMOR. PUEDE SER UNA MENTIRA QUE SATANÁS TE HA SEMBRADO EN TU CORAZÓN, COMO LA IDEA DE QUE NO ERES SUFICIENTE, QUE VAS A FRACASAR, O QUE NO TIENES VALOR. REEMPLAZA ESA MENTIRA CON LA VERDAD DE DIOS. LA VERDAD DE QUE ERES AMADO, QUE DIOS TIENE UN PROPÓSITO PARA TI, Y QUE SU PODER ESTÁ POR ENCIMA DE CUALQUIER MENTIRA. AL HACERLO, ESTARÁS DESTRUYENDO EL PODER DEL TEMOR Y ABRIENDO LA PUERTA A LA LIBERTAD QUE SOLO LA VERDAD PUEDE TRAER.

CAPÍTULO DIECISIETE:
NO ES EL FINAL

RIP

No puedo decir nada bueno de la muerte, hemos sido creados para amar la vida y la muerte es una intrusa.

La muerte es fea, cruel, inoportuna, frustrante y humillante. No fuimos creados para morir. En el principio de la creación la muerte no existía. Dios nunca pensó en diseñarnos para luego vernos morir. Sin embargo, cuando el ser humano se cree más sabio que Dios, todo se derrumba. Eso fue lo que ocurrió con Adán y Eva. Tampoco podemos culpar solo a ellos; si otro ser humano hubiera estado en su lugar, el resultado habría sido el mismo. Nuestro corazón es terco y no entiende que rendirse al consejo de Dios es, en realidad, abrazar la vida. Como consecuencia del pecado, el plan divino se descompuso.

La muerte es inevitable, no hay manera de eludirla. Esta enemiga nos doblega a todos, sin distinción: a los justos y a los injustos, a los sabios y a los necios, a los creyentes y a los ateos. No se deja sobornar; nuestro músculo, nuestro dinero, nuestra influencia no sirven de nada para evitarla. Sin embargo, su llegada no significa que debamos temerle.

Quiero que observes con detenimiento los siguientes versículos y respondas a esta pregunta, ¿Qué posición ocupa Cristo según estos textos?

• **Hebreos 10:12:** "Pero Cristo, habiendo ofrecido una vez para siempre un solo sacrificio por los pecados, **se ha sentado a la diestra de Dios."**

• **Efesios 1:20:** "La cual operó en **Cristo**, resucitándole de los muertos y **sentándole a su diestra** en los lugares celestiales."

• **Colosenses 3:1:** "Si, pues, habéis resucitado con Cristo, buscad las cosas de arriba, donde está Cristo **sentado a la diestra de Dios."**

¿En qué condición se encuentra? **La respuesta es: Sentado a la diestra del Padre,** en su trono, donde gobierna con toda autoridad.

Ahora observa el siguiente texto y mira la diferencia a los anteriores:

• **Hechos 7:55:** "... Esteban, lleno del Espíritu Santo, puestos los ojos en el cielo, vio la gloria de Dios, y a **Jesús que estaba en pie a la diestra de Dios..."**

¿Y ahora cómo se encuentra? ¡De pie! ¿Te das cuenta de lo curioso que es esto? Jesús, quien está sentado en su trono como Rey y Señor, se pone en pie cuando su hijo Esteban está a punto de ser martirizado. Este detalle revela algo profundo, Él está sentado porque gobierna, pero se levanta para recibir a cada uno de sus hijos e hijas cuando llega el fin de su tiempo en la tierra.

¡Qué paz nos da saber esto! **Jesús se pone de pie porque ha vencido.** La muerte no pudo derrotarlo, no pudo arrebatarle la victoria. Al levantarse, lo hace en un acto solemne, recibiendo a sus hijos con brazos abiertos. En ese momento, Él transforma nuestra naturaleza, erradica todo dolor, la enfermedad y el sufrimiento desaparecen. Dios mismo se levanta en un gesto lleno de amor profundo, saliendo a nuestro encuentro con la majestad de su gloria.

Cuando la muerte amenaza, debemos descansar con esta verdad. Cuando la muerte llega nuestro cuerpo perece, pero jamás terminará nuestra existencia. **La única verdad en la que debemos recrearnos es que la muerte HA SIDO VENCIDA.** Cristo ha pisado la cabeza de Satanás, él pensaba lo contrario, que clavando a Jesús en una cruz había terminado todo, pero fue todo lo contrario, Cristo vino a esta tierra no solo para perdonar los pecados a través de su sangre, también había una asignatura pendiente, matar a la muerte, destronarla, acabar con la mala noticia.

Imagina una gran ciudad, vibrante con la emoción de un pueblo que espera un desfile triunfal. Es el día en que un gran comandante o emperador regresa de la guerra, habiendo derrotado a sus enemigos en una batalla épica. Las calles están llenas de gente que espera ansiosamente, con los ojos fijos en la procesión que se acerca. Los tambores retumban y las trompetas suenan, marcando el inicio de la victoria. En la antigua Roma, cuando un general regresaba de la batalla, no solo celebraba la victoria. Había un desfile en la que los prisioneros de guerra, aquellos que habían sido derrotados, eran arrastrados, humillados y exhibidos ante el gran gentío del pueblo. Estos prisioneros eran el símbolo del poder y la supremacía del general, sirviendo como trofeos vivientes de su victoria. Era un espectáculo que aseguraba a todos que el enemigo había sido vencido y que el poder del líder era absoluto.

Ahora, imagina que el comandante de esta procesión no es un hombre común, sino el mismo Hijo de Dios, Jesús. En su cruz, Él venció algo mucho más grande que cualquier ejército terrenal. Derrotó a los principados y potestades, es decir, a las fuerzas espirituales del mal que operan en las tinieblas, los demonios y todas las fuerzas que habían mantenido a la humanidad cautiva bajo el pecado y la muerte.

En los registros de la historia romana encontramos un escenario común en tiempos antiguos que ilustra perfectamente lo que el apóstol Pablo, como buen romano, quería transmitir. Para que su mensaje fuera comprendido por los romanos, Pablo utilizó un símil que reflejaba lo que Cristo logró, algo con lo que fácilmente pudieran identificarse. Es en este contexto que escribe el versículo de Colosenses 2:15, donde nos habla de la victoria de Cristo en la cruz. En este pasaje, Pablo dice: **Despojando a los principados y a las potestades, los exhibió públicamente, triunfando sobre ellos en la cruz.**

Lo que la multitud no sabe es que, en esta ocasión, el comandante no solo ha vencido a ejércitos terrenales, sino que ha vencido a algo mucho más grande y profundo: ha derrotado a las fuerzas del mal, al pecado y a la misma muerte. **La victoria de Cristo en la cruz no solo implicó la derrota de enemigos visibles, sino también la destrucción de la misma muerte.**

Quiero reiterarlo de nuevo porque esta verdad debe de profundizar y arraigarse en nuestros corazones. No solo los enemigos espirituales fueron despojados de su poder, sino que también, en la resurrección, Jesús venció a la muerte misma. **Al morir en la cruz, y resucitar, Él se enfrentó a la última barrera que separaba a la humanidad de Dios: la muerte.** La resurrección de Jesús no fue solo un regreso a la vida, sino una victoria decisiva sobre el último enemigo que parecía invencible. Jesús pisó la cabeza de Satanás. Podría decir que Cristo venció a la muerte o que Cristo derrotó a la muerte pero prefiero expresarlo de la siguiente manera. **CRISTO MATÓ A LA MUERTE.**

Jesús se levantó victorioso, no solo de la cruz, sino también de la muerte misma. Su triunfo, tan solemne como cualquier desfile romano, no solo nos recuerda que Él está sentado a la diestra de Dios, sino que ha vencido todo: las fuerzas del mal, la muerte y todo lo que nos separa de nuestro Creador. En la resurrección, Cristo exhibió su victoria de forma pública, proclamando ante el universo que Él es el Rey absoluto, que la muerte ya no tiene la última palabra y que su poder es inquebrantable.

Y aquí está la verdad que cambia todo: cuando no hemos comprendido esta victoria en lo más profundo de nuestro ser, la muerte nos da miedo. Sin esa convicción, parece una intrusa, algo que amenaza nuestro final. Pero cuando el corazón se ancla firmemente en esta verdad, todo nuestro ser descansa en paz, sabiendo que la muerte no es nuestro final, sino el inicio de nuestra verdadera vida.

Cuando sientas miedo de la muerte, recuerda: Cristo ha aplastado la cabeza de Satanás, ha vencido a la muerte y nos ha puesto una corona sobre la cabeza. No seremos recibidos por un Cristo en la cruz, sino por un Cristo que reina con poder y justicia. Así como nadie puede detener a un huracán, nadie ha podido detener a Cristo. Él es nuestra roca, nuestro general, nuestro capitán, el más alto rango de todo el universo, y sobre Él está toda autoridad. La muerte fue derrotada, y cuando llegue el momento de partir de esta tierra, ten la certeza de que, si tu corazón está alineado al suyo, Él se levantará para recibirte con brazos abiertos. Este es el verdadero inicio de nuestro gran propósito: estar cara a cara con Dios, por toda la eternidad, sin ningún límite, sin ningún fin.

"VERSÍCULO **DESTROZA TEMORES**"

1 CORINTIOS 15:55

¿DÓNDE ESTÁ, OH ***MUERTE, TU AGUIJÓN?*** ¿DÓNDE, OH SEPULCRO, ***TU VICTORIA?***

VERDAD:

LA MUERTE, ESE CONCEPTO ATERRADOR QUE TANTO NOS ANGUSTIA, HA SIDO DERROTADA POR CRISTO. EL TEMOR QUE GENERA LA MUERTE EN NUESTRA VIDA, ESE ENEMIGO QUE NOS ACECHA, HA PERDIDO SU PODER. JESÚS, CON SU SACRIFICIO Y RESURRECCIÓN, HA ARRANCADO SU AGUIJÓN, DESTRUYENDO SU DOMINIO SOBRE AQUELLOS QUE ESTÁN EN ÉL.

CUANDO LA MUERTE SE ACERCA, NO DEBEMOS TEMER, PORQUE NO TIENE PODER SOBRE NOSOTROS. CRISTO YA LA VENCIÓ, LA DERROTÓ DE UNA VEZ POR TODAS. YA NO ES EL FINAL DE NUESTRA EXISTENCIA, SINO EL UMBRAL HACIA LA VIDA ETERNA QUE ÉL NOS HA PROMETIDO. LA MUERTE NO ES EL FIN, SINO EL COMIENZO DE UN NUEVO CAPÍTULO GLORIOSO EN LA PRESENCIA DE DIOS.

APLICACIÓN:

ESTE CAPÍTULO NOS CONFRONTA CON UNA REALIDAD INEVITABLE: LA MUERTE, AUNQUE DURA Y CRUEL, ES PARTE DE LA EXPERIENCIA HUMANA. SIN EMBARGO, EL MIEDO A ELLA DEBE SER REEMPLAZADO POR LA ESPERANZA EN CRISTO, QUIEN HA DERROTADO LA MUERTE. JESÚS, AL RESUCITAR, DESTRUYÓ TODO LO QUE NOS SEPARABA DE DIOS: EL PECADO Y LA MUERTE.

EL TEMOR A LA MUERTE SE DESVANECERÁ CUANDO ENTENDAMOS QUE, A TRAVÉS DE JESÚS, TENEMOS LA VICTORIA ETERNA. CUANDO LLEGUE EL MOMENTO DE PARTIR, SI ESTAMOS ALINEADOS CON ÉL, NOS LEVANTAREMOS CON ÉL EN UNA ETERNIDAD DE PAZ, SIN DOLOR NI SUFRIMIENTO.

CAPÍTULO DIECIOCHO: HASTA AQUÍ HEMOS LLEGADO

Si supieras el día exacto en que morirías. ¿Cómo vivirías? Yo viviría intensamente, sin perder tiempo en lo trivial. Días antes de partir, no estaría en eventos multitudinarios ni enganchado a un videojuego, mucho menos preocupado por un 'like' en mis redes sociales. Estaría rodeado de las personas que más amo, compartiendo mis últimos consejos, mis últimos pensamientos o ideas.

Con la sabiduría que Dios me ha otorgado, y con la humildad de quien sabe que cada día es un regalo, quiero dedicar este último capítulo a ti, que quizás vives bajo el dominio del temor. Mi mayor deseo es que encuentres la libertad, la paz y la valentía para enfrentar esos miedos, porque sé lo que es vivir atrapado por ellos. Este capítulo es mi intento de compartir lo que he aprendido en mi propio caminar, para que no tengas que andar solo en ese proceso. Que estas palabras sean una luz que disipe la oscuridad del miedo, y un refugio donde encuentres esperanza.

La mentira distorsiona la realidad. Recuerdo cuando era niño y visitaba la feria de la ciudad. Había una atracción simple, pero que de alguna forma siempre me cautivaba: un laberinto de espejos. Cada espejo que encontraba me mostraba una imagen diferente de mí mismo, pero ninguna era la verdadera. El primer espejo me hacia más gordo, otro exageraba mi nariz, otro me mostraba con un cabezón desproporcionado, otro me mostraba muy delgado, como si fuera un fideo ... Cada reflejo era más extraño que el anterior, pero ninguno reflejaba mi verdadera imagen. Así actúa Satanás. Crea espejismos distorsionados de nuestra verdadera identidad.

Cuando ponemos nuestro enfoque en la distorsión, el corazón se encoge; en otras palabras, comienza a temer. Responder a estas preguntas es un ejercicio de responsabilidad: ¿cómo te ves? ¿Qué espejo estás observando? Si quieres ver de la forma correcta, deberías verte a través de Cristo, y esto solo es posible si te sumerges en la verdad.

Si te enfocas en la mentira, si aceptas jugar al laberinto de los espejos, antes o más tarde habrás creado involuntariamente una distorsión tan grande que el temor llegará de manera ineludible. Quizás sea tiempo de que revises, en esta hora, dónde está posicionado tu corazón. ¿Hacia dónde se dirige tu mente?

El diablo es experto en oscurecer el entendimiento; es decir, su misión es impedir que veas la realidad. El miedo es un ataque diabólico a la mente, afuera solo hay gotas pero en la mente se está viviendo un vasto huracán.

Solo conociendo las Escrituras podemos hacer que la verdad opere. **¿Cuáles son las verdades del evangelio que pueden ordenar mi entendimiento y reordenar mis pensamientos?** Este es un buen ejercicio en el que todos deberíamos meditar.

Dios nos ama tanto que a veces, permite que pasemos por momentos difíciles para **revelar lo que realmente hay en nuestro corazón.** Yo hago una comparación como si fuéramos una esponja seca, sin nada aparentemente en su interior. Pero, en el momento en que la aprietas con fuerza, al principio crees que no hay nada dentro, hasta que, poco a poco, empieza a salir agua. Esa agua que estaba almacenada en su interior, oculta a simple vista, comienza a salir sin que lo esperes. Así es la vida en tiempos de prueba. Las situaciones difíciles pueden ser estresantes y dolorosas, pero son precisamente esos momentos los que presionan nuestro corazón, sacando a la luz lo que realmente llevamos dentro. A veces, no nos damos cuenta de lo que está oculto en nosotros hasta que somos apretados por las circunstancias. Y aunque no siempre sea fácil ver lo que sale, Dios, en Su amor, lo permite para que podamos ver lo que hay en nuestro interior, para que pueda iniciar un proceso de sanidad interior.

Cuando el temor te domina, el corazón no descansa y la única verdad que te puede consolar es entender que nuestro Dios es manso, pero también es temible. El concepto correcto de temer a Dios ayuda a quitar coronas a temores que han estado reinando en nuestras vidas, pero **es muy necesario que de la mente baje al corazón.** Debemos de manera agresiva hacer nuestras estas verdades, no solo se puede quedar en el conocimiento. Algunos consejos que te daría para cuando estés pasando por momentos de angustia y temor son los siguientes,

- **Contemplar a Dios.** Contemplar es, observar detenidamente, meditar en Su presencia, escuchar Su voz, admirar Su grandeza, permanecer en quietud, enfocar el corazón en Su gloria.

- **Tiempos con Dios.** No queremos ir rápido, lo que queremos es llegar. Los tiempos de oración y el estudio de las escrituras nos ayudan a ver con claridad y profundizar en las verdades para que podamos desechar lo antes posible las mentiras.

- **Alabar sus perfecciones.** Alabar las perfecciones de Dios nos recuerda la magnitud de Su grandeza. Recrearnos en Su santidad, poder y amor nos mantiene enfocados en Su soberanía, esto fortalece nuestra fe.

- **Tiempos de silencio.** En ocasiones guardar silencio es muy bueno. Existe demasiado ruido a nuestro alrededor, demasiadas voces. Apaga el teléfono,. ... provoca que nadie pueda molestarte, abre la posibilidad a que te enfoques a escuchar exclusivamente la voz del Espíritu Santo. Cuando Dios habla todo cambia.

- **Lee libros** que hablen acerca de Dios, pero sobre todo, ese tipo de libros que te pongan de rodillas delante de Dios.

"VERSÍCULO **DESTROZA TEMORES**"

JOSUÉ 1:9

DIOS LE DIJO: MIRA QUE TE MANDO *QUE TE ESFUERCES Y SEAS VALIENTE;* **NO TEMAS NI DESMAYES,** PORQUE *JEHOVÁ TU DIOS ESTARÁ CONTIGO* DONDEQUIERA QUE VAYAS.

VERDAD:

LO IMPORTANTE NO ES EL LUGAR DONDE TE ENCUENTRAS, SINO QUIEN TE ACOMPAÑA. EN DONDEQUIERA QUE VAYAS, DIOS ESTÁ CONTIGO Y ESO ES INDISCUTIBLE.

APLICACIÓN:

CUANDO ENFRENTES MOMENTOS DE INCERTIDUMBRE O TEMOR, RECUERDA QUE NO IMPORTA LO QUE ESTÉS ATRAVESANDO, DIOS ESTÁ A TU LADO. SU PRESENCIA ES MÁS GRANDE QUE CUALQUIER DESAFÍO. NO PERMITAS QUE EL MIEDO TE CONTROLE; EN CAMBIO, AFÉRRATE A LA PROMESA DE SU COMPAÑÍA CONSTANTE. VIVE CON VALENTÍA, SABIENDO QUE NO ESTÁS SOLO, Y DEJA QUE SU FUERZA TE IMPULSE A SEGUIR ADELANTE, SIN IMPORTAR LAS CIRCUNSTANCIAS.

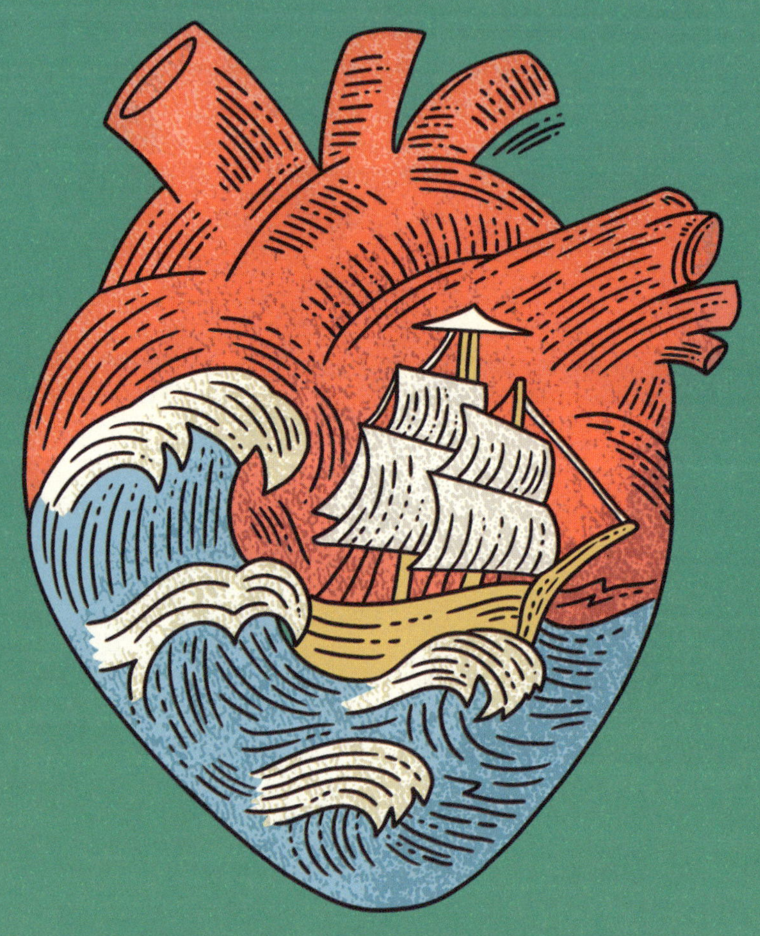

PALABRAS FINALES:

A LO LARGO DE ESTE LIBRO, HEMOS HABLADO DE LOS MIEDOS QUE NOS ACECHAN Y LAS TORMENTAS QUE NOS AMENAZAN. PERO LO QUE REALMENTE TRANSFORMA NUESTRA PERSPECTIVA ES ENTENDER EL TEMOR DE DIOS. POR ENCIMA DE TODAS ESAS SOMBRAS, HAY UN DIOS QUE NO SOLO ENFRENTA LAS TORMENTAS, SINO QUE LAS DOMINA. CUANDO CAMBIAMOS NUESTRA VISIÓN DE QUIÉN ES DIOS, DESCUBRIMOS QUE, EN REALIDAD, ÉL NO ES SOLO UN REFUGIO EN MEDIO DE LA TORMENTA. ¡ÉL ES EL ATORMENTADOR DE TORMENTAS! NO HAY NADA NI NADIE QUE PUEDA DESAFIAR SU PODER. CON ÉL A NUESTRO LADO, LOS TEMORES SE DISIPAN, Y LAS TORMENTAS SE CONVIERTEN EN SIMPLES ECOS ANTE SU MAJESTAD.

Deseo que este libro te haya bendecido. Recuerda, en cada tormenta, Él está a tu cargo. No importa cuán fuerte sea el viento, Él siempre tiene el control, no temas, Dios nunca llega tarde.

SOBRE EL AUTOR

Antonio Burgos es un hombre capaz de enfrentar los desafíos más grandes impulsado por una fe inquebrantable. A los 18 años, experimentó un encuentro personal con Cristo que transformó su vida por completo respondiendo al llamado directo de Dios. Es esposo, padre y pastor, con una pasión ardiente por compartir el mensaje de Cristo en todo lugar. A lo largo de los años, ha servido como misionero, predicador y líder de proyectos enfocados en fortalecer la iglesia y expandir el alcance del evangelio a través de una visión innovadora. Su vida está completamente dedicada a enseñar, inspirar y formar a otros, guiándolos a vivir una fe auténtica, firme y radical. Hoy en día, reside en España, donde continúa su labor a tiempo completo, comprometido con la obra del Reino de Dios.

Para más información sobre el autor y su ministerio, sigue sus redes sociales o contáctalo a través de los siguientes medios:

@antonioburgosoficial

/@antonioburgosoficial

info@antonioburgos.es

AMIGO
MIO
FIGHT

Estas páginas son un pequeño abuso creativo de mi parte como diseñador e ilustrador de este libro.

Antonio no tiene idea de que estoy escribiendo esto, pero sentí que debía dejar por escrito algo de lo que pienso y siento sobre este proyecto.

Conocí a Antonio, como a muchos de mis clientes, por un mensaje en redes sociales. Su idea sonaba interesante, pero fue después de una llamada que supe que quería hacerlo. Sus luchas con el temor, la ansiedad y la duda se parecían demasiado a las mías.

"El Atormentador de Tormentas" no es solo un libro: es un recordatorio de que Dios trabaja en los procesos, que es más grande que el miedo, y que quiere hacernos libres. Para mí, fue eso todos los días que trabajé en él.

Gracias, Antonio, por ser vulnerable, por buscar verdades en medio de la tormenta y por dejarme ser parte de esto. Tus palabras, sin saberlo, también me acompañaron en mis batallas.

Mientras ilustraba este libro, entendí que mi gran lucha en la vida ha sido el temor y que de pronto no había hecho lo suficiente para ganar totalmente la guerra, termino el libro retado a conocer más a este Dios impresionante y poderoso que vence mis miedos.

Carlos Silva Villalba
Ilustrador y diseñador
detrás de **Fight with Love**

El Atormentador de Tormentas nació a lo largo de tres años, como fruto de un proceso de sanidad interior que Dios me permitió vivir. Al releer escritos marcados por ansiedad y depresión, recordé cómo, en medio del dolor, le pedí a Dios que me usara para ayudar a otros a vencer sus miedos, como Él lo hizo conmigo.

Escribir este libro no fue fácil. Hubo momentos de lucha y oposición, pero también de certeza de que Dios quería usar este proyecto para algo mayor. No estuve solo: Carlos Silva, con su fe y talento, aportó vida y profundidad a cada página con sus ilustraciones y su apoyo.

Este libro es más que palabras: es un testimonio de restauración, una invitación a enfrentar las tormentas con fe, sabiendo que, aun en medio de ellas, Dios puede traer paz, propósito y victoria.